全栈运营

从0到1入门互联网运营

王思嘉◎著

電子工業出版社
Publishing House of Electronics Industry
北京•BEIJING

内 容 简 介

这是一本从 0 到 1 解读互联网运营的书，讲述了运营的基础内容和学习路径，并从数字化、周期化、社交化、场景化四个方面讲解了运营的实际操作方法。本书还探讨了运营人员如何构建自己的运营体系，如何成为一名全栈运营人员，并对未来互联网运营行业进行了有益的思考。本书提供了大量生动活泼的案例，凝聚了作者多年来积累的深厚的互联网运营理念，读起来深入浅出，趣味横生。

本书适合初入互联网运营行业的从业者、对互联网感兴趣并希望进入互联网行业工作的择业者，以及创业者和公司管理层人员阅读。

图书在版编目（CIP）数据

全栈运营：从 0 到 1 入门互联网运营 / 王思嘉著. —北京：电子工业出版社，2019.9

ISBN 978-7-121-37299-5

Ⅰ. ①全… Ⅱ. ①王… Ⅲ. ①互联网络－应用－企业管理－运营管理 Ⅳ. ①F273-39

中国版本图书馆 CIP 数据核字（2019）第 184673 号

责任编辑：张彦红　　　　特约编辑：田学清
印　　刷：北京季蜂印刷有限公司
装　　订：北京季蜂印刷有限公司
出版发行：电子工业出版社
　　　　　北京市海淀区万寿路 173 信箱　　　　邮编：100036
开　　本：720×1000　1/16　　印张：16.25　　字数：260 千字
版　　次：2019 年 9 月第 1 版
印　　次：2019 年 9 月第 1 次印刷
定　　价：69.00 元

凡所购买电子工业出版社图书有缺损问题，请向购买书店调换。若书店售缺，请与本社发行部联系，联系及邮购电话：（010）88254888，88258888。

质量投诉请发邮件至 zlts@phei.com.cn，盗版侵权举报请发邮件至 dbqq@phei.com.cn。

本书咨询联系方式：010-51260888-819，faq@phei.com.cn。

前　言

一千个人心中会有一千个哈姆雷特，一千个用户也会有一千张面孔，在成就互联网用户体验的过程中，每位运营人员都应雄心万丈、大有作为。

在亚马逊工作期间，我加入了它的中国市场及用户调研团队；在京东工作期间，我运营策划了多个新品上市项目，在行业内也获得了认可；在京东商城工作期间，我还多次获得过“龙虎榜”榜首荣誉。这些工作经历让我积累了一些推广畅销品的心得。

对于我来说，互联网运营是一份有价值、有梦想的事业，和团队一起运营出一个个畅销产品，策划出一场场精彩活动，皆是颇有成就感的事。做运营工作的这些年，“忙碌”已经成为我生活的主旋律，我亦因为这份忙碌而感到无比充实。

互联网行业的环境纷繁复杂，平台类电商的竞争日益激烈，移动类电商越来越具有垂直化、场景化和社交化的特色。与此同时，行业巨头之间的竞争也更加激烈，彼此间合纵连横，美团、大众点评合并，携程、艺龙、去哪儿合并，58 同城、赶集网合并，滴滴、快的合并，可以说互联网行业的格局时刻都在发生着变化。

市场环境的瞬息万变，让我们运营人员深刻地感受到了何谓“互联网速度”。京东虽然已经是中国家喻户晓的互联网企业，早已不缺流量，但是在这个人人都不断创新的大环境下，京东的每一位运营人员依然不能高枕无忧，必须有危机意识，以牢牢守住我们的阵地！

我在京东这个大团队中学到的最生动的一课便是：居安思危。在运营岗位上太有安全感的人会原地踏步，只有“没有安全感”的人才会不断突破自己，走出一条属于自己的运营道路。每位运营人员都应该树立起危机意识，不要让自己的脚步停下来，也许当你努力到无路可走的时候，成功便离你不远了。

要做好运营工作，除了要有强烈的危机意识和进取精神，还要有完整的思维体系，即市场营销意识、产品意识、品牌公关意识、软硬件产品一体化运营思维、销售管理思维、项目管理意识等，这也是我在京东工作的经验总结。

在京东做运营工作，我接触到了亿级现金流水、亿级用户体验、亿级客户需求保障、亿级供应链管理、亿级订单运营，这其中的一点点疏忽都有可能造成巨大损失，我的超强的风险控制意识就此养成，如今它已经成了我的职业习惯。

能在高速发展的互联网行业从事运营工作，能在亚马逊和京东这样的大型互联网企业工作，能亲身体会市场的风云变幻，能在这纷繁复杂的大环境中淬炼自己，我觉得自己是幸运的！

我在互联网运营行业奋斗多年，接触了众多互联网运营人员，从中发现，这个群体有一种普遍的焦虑情绪，其中以入行 1～4 年的运营人员最为显著，他们是互联网运营大军中最容易陷入迷茫的一群人。

这群运营人员的日常工作十分烦琐，形同打杂，似乎什么都会一点儿，但却什么都不精通，在瞬息万变的互联网行业里缺乏核心竞争力。造成这种现状的原因有两点，一是运营人员没有掌握系统的工作方法，二是运营岗位本身具有特殊性。

这种现象使我的内心充满忧虑，因为在无数个个案背后，隐藏的不仅是广大运营人员内心的不安和困惑，也包含着整个运营行业存在的问题。一直以来，运营行业都缺乏一个体系化的、符合互联网运营特性的核心工作思路，这使得运营人员无法发挥自身全部的潜力，实在令人惋惜。

每一个新生事物，都最怕“揠苗助长”。发展得越快意味着风险越大，特别是现在市面上出现的一些知其然，不知其所以然的所谓的“运营方法”“运营宝典”，人云亦云，不成体系，这样的运营方法和运营思维会影响整个行业的发展，甚至有可能导致运营行业的整体衰退。这便是我写作本书的初衷，并衷心希望本书能为广大运营人员拨开迷雾，指向光明。

除此之外，促使我动笔写作本书的原因还有以下几点。

第一个原因：在多年的运营生涯中，我曾经栽过许多跟头，走过不少弯路，更经历过许多迷茫。没有人指导我运营该怎么做，在大部分时间里，我只能靠自己摸爬滚打，一路披荆斩棘、野蛮成长。

今天，很多运营人员依然经历着我曾经经历过的困难，面对着我曾经面对过的难题。我历经千辛万苦从一个个挫折中站了起来，看到这些依然深受挫折困扰的同行们，希望自己能回过头来帮助他们，指导他们克服职业生涯中的一些困扰。

第二个原因：希望通过写作本书来实现自我价值，完成自我认同。

我是一个热爱思考的人，更喜欢用文字把自己的思考表达出来。如果我的某个想法触动了某位读者，这对于我来说是一件特别幸福的事。我也同样热爱自己的运营事业，渴望通过自己的努力获得用户的认可，体验由此而生的成就感和满足感。

第三个原因：我发现不少人对运营工作充满了误解和偏见，所以，我想尽自己所能去消除这些误解和偏见，还原互联网运营的真实面貌。

我常常听到这样一些声音：

“运营到底有什么用？”

“运营人员不就是打杂吗？感觉做运营没什么前途啊！”

“运营经理的地位肯定比不上产品经理，感觉地位很尴尬。”

身为一位运营人，这些怀疑和误解让我难过，我想要为自己的工作正名，也希望更多的人能理解互联网运营，并了解这份工作的价值。

本书内容分为三篇，分别是“运营工作开始前，了解什么是互联网运营”“运营工作开始后，知道具体怎么做互联网运营”“运营工作过程中，建立自己的运营体系”。

本书将为大家自上而下地梳理互联网运营体系，重新定义运营的概念，重新定位运营人员在组织中的角色。读者可以从本书中分享到我在实操中积累的大量经验，以及从跨行业经验中积累的运营底层逻辑和对用户的深层次理解。

从逻辑上，本书分为两个层次，第一个层次是“道”，解读和定义了运营方法论；第二个层次是“术”，提出了行之有效的运营策略和解决方案。读者可以结合书中的实战案例和运营知识对互联网运营进行深度理解，并在实践中运用本书提供的一些工作方法，真正领悟运营方法论。

本书内容既有宏观的思考和分析，又有微观的实操讲解。对于那些对运营工作还没有全面认知的运营新人来说，本书可以帮助他们用全新的视角更宏观地看待和理解互联网运营。本书也可以给一些不了解运营的创业者带来有益的启发和思考。

本书内容也体现了我在运营生涯中秉持的职业价值观，比如“优秀的运营人员要重视每一个用户”“唯有爱与用户不可辜负”“只有自己接受了产品，才能把它推荐给用户”“要触动用户，而不是推动用户”等。

本书的部分内容有比较重的个人情感色彩，这也是本书的特色之一，我认为恰恰是因为有了这些富含职业情感的理念，这本书才变得更加鲜活、生动。我由衷地希望这些观点能触动读者，能让这本书成为一本有情感、有灵魂、有魅力的工具书。其实，以书触动读者，也是一次有趣的“运营”。

也许，有些人在读过本书后不一定能很快理解运营工作的本质、掌握其中的运营方法，但是只要勤于思考、认真实践，就一定会收获可喜的进步。

在这个不断颠覆旧有认知的互联网时代，每位运营人员都是开拓者。在这个时代，没有一成不变的规则，没有百试百灵的方法，也没有绝对正确的经验，我们只有不断追逐未知，不断探索前进，才能紧跟时代的发展。

“不忘初心，方得始终。”我想与大家共勉，希望所有对互联网运营怀有一份热情的人，都能从本书中汲取一些营养，获得一些启发。

互联网运营的未来一片光明，我们所憧憬的未来已经触手可及。

由于时间和篇幅有限，本书在为广大运营人员做好启蒙的同时，也难免存在一些不足之处，希望广大读者批评指正。我也希望借本书来抛砖引玉，让更多的互联网运营佳作涌现出来，协力构筑出更完整的互联网运营知识体系。

王思嘉

目 录

第 1 篇　运营工作开始前，了解什么是互联网运营

第 1 章　运营基础：什么是互联网运营 2

1.1　做了这么多年运营，到底什么是运营 2

1.2　运营部门在互联网企业中的角色 9

1.3　运营工作是个“筐”，什么都能往里装 12

1.4　产品部门和运营部门亦敌亦友的关系 18

第 2 章　自我修炼：如何通过学习，快速成为合格的运营人员 27

2.1　互联网运营人员的普遍焦虑 27

2.2　优秀运营人员要具备哪些素质和能力 31

2.3　运营职业的整体发展路径 42

2.4　想去电商平台做运营，先了解一下运营工种 51

第 2 篇　运营工作开始后，知道具体怎么做互联网运营

第 3 章　数字化用户运营：如何从 0 到 1，利用数字做用户运营 61

3.1　找——识别：建立用户画像 61

3.2　来——洞察：预测用户行为 70

3.3 去——互动：创造用户信任 76

3.4 留——体验：向用户传递卓越体验 83

3.5 用——价值：可持续用户经营 88

第 4 章 周期化运营：不是根据产品生命周期做的运营，都是无用功 97

4.1 互联网运营，一定要做符合产品生命周期的运营 97

4.2 种子期运营：验证解决方案是否成立 103

4.3 萌芽期运营：筹建产品与用户的联系桥梁 113

4.4 成长期运营：快速提升用户数量 118

4.5 成熟期运营：搭建运营体系 124

第 5 章 社交化运营：走出“双微”，玩转全社交平台才是王道 131

5.1 “双微”只是起点，全社交平台运营才是王道 131

5.2 流量运营：提升用户流量转化的“三板斧” 136

5.3 内容运营：如何在饱和的内容地带找到新的突破口 143

5.4 短视频运营：低成本获取几十万个用户的途径 149

5.5 公众号运营：从原创到独创，从低价到无价 157

第 6 章 场景化运营：怎样借助场景重塑与消费者的沟通 168

6.1 脱离用户场景做运营，都是“空中楼阁” 168

6.2 场景驱动：构建场景化运营的三大维度 177

6.3 场景设计：应用场景设计的四个步骤 180

6.4 活动运营：将活动代入场景，做一场“刷屏级”活动 ... 188

6.5 社群运营：场景即产品，场景即社群 194

6.6 场景化内容：把产品卖点和特色融入场景 198

第 3 篇 运营工作过程中，建立自己的运营体系

第 7 章 全栈运营：如何持续增值，提高核心竞争力 203

7.1 为什么需要全栈运营这样的“运营多面手” 203

7.2 完成这四步，还有谁说运营人员是“打杂”的 212

7.3 如何运用全栈运营的思考逻辑 218

7.4 我是如何成为高薪全栈运营人的 221

第 8 章 行业思考：3 到 5 年后，一个互联网人的未来该在哪里 230

8.1 未来 5 年，什么样的运营人员最受互联网企业欢迎 230

8.2 推荐算法与时俱进，未来运营的技能和运营重点在哪里 236

8.3 我的运营成长历程及我在京东是怎么做运营的 242

第 1 篇

运营工作开始前，
了解什么是互联网运营

第 1 章

运营基础：什么是互联网运营

很多互联网运营人员不清楚自己的岗位是做什么的。有的人说，“产品研发工作生孩子，运营工作养孩子”；有的人说，“运营工作为产品赋予了灵魂”；还有的人说，“运营人员就是沟通用户和做活动的”。实际上，互联网运营这个概念并没有一个标准的定义。那么，到底什么才是互联网运营呢？这是互联网运营人员在开始做运营工作前必须了解的基础知识。如果你连自己要做的事情都不知道是什么，那么对于你来说，做好互联网运营将是可望而不可即的。

1.1 做了这么多年运营，到底什么是运营

常常有从事运营工作的员工找到我，说感觉自己在公司就是一个打杂的，并且问我：“究竟什么才是运营？”

对于员工的这些困扰，我曾经进行过认真的思考。

诚如他们所言，从表面看，运营工作的门槛的确很低，工作内容也很杂。在互联网行业，除技术部门、产品部门以外的工作似乎都可以划分给运营部门。

也正是因为这样，许多人（包括互联网行业的同行）都无法明确地给运营下一个定义。

问题是，作为一位运营人员，如果无法明确运营工作究竟是做什么的，就意味着无法明确自己的工作职责。那么，在工作的时候，我们就很容易陷入迷茫之中，不知道自己究竟应该做什么、不应该做什么，不知道哪些工作是重点的、哪些工作是次要的，不知道自己应该学习什么、积累什么，更不知道未来应该往什么方向发展。

从这个角度来说，明确运营的定义及其主要的工作职责，对于从事运营工作的员工而言，甚至对于从事互联网行业的人而言，都有至关重要的意义。

那么，究竟什么是运营呢？下面，我将和大家共同探讨这个问题。

1. 众说纷纭的运营定义

关于什么是运营的问题，每一位有过几年运营工作经验的从业者，甚至是每一位有意从事运营工作的人，内心或多或少都会有一些自己的看法和想法。

总结起来，在互联网行业，有关什么是运营的答案主要有以下几个。

- 如果说产品研发工作负责生孩子，那么运营工作的主要任务就是负责养孩子。
- 以用户为中心所进行的一系列工作，包括拉新（增加新用户数量）、促活（提升用户活跃度）、留存（防止用户流失）等，都是运营工作的一部分。
- 运营就是指一切围绕着产品进行的人工干预。
- 运营工作主要包括用户运营、内容运营、活动运营、新媒体运营、产品运营、社群运营等内容。

另外，对于到底什么是运营这个问题，一些权威的专业人士也给出了自己的答案。

例如，韩旭老师曾经在知乎上分享了自己对运营工作的理解，他认为互联网运营可以为产品传递价值、打造生态和创造玩法。

张亮老师曾在自己出版的书中提到，一切能够进行产品推广、促进用户使用、提高用户认知的手段都是运营。

以上对运营的认识都有一定的道理，都有不同的侧重点。具体而言，有的是从运营的价值出发的，有的是从互联网运营与传统运营工作的区别出发的，有的是从运营的作用出发的。

2. 我心目中的运营

那么，我们究竟应该给运营下一个怎样的定义呢？

总体而言，运营应该这样定义：通过符合当前人文及商业环境的传播手段，以特定的人物、商品、产品、品牌等对象作为运营工作的目标，去影响目标人群，实现运营的目的。

关于这个问题，我也曾进行过认真的思考。从表面看，运营这个词汇似乎是依托着互联网而产生的，没有互联网，似乎就没有运营的产生。然而，如果我们更深入地挖掘运营的内涵和工作思维，就会发现，它其实和人类的商贸文化一样是源远流长的，在漫长的历史进程中，不管是达官贵人，还是黎民百姓，其实都具有运营思维。

比如“卧龙凤雏，得一人可安天下”的故事其实就是一种运营——通过士人阶级的口口相传，将诸葛亮、庞统的雄才伟略推介给潜在雇主，给潜在雇主留下深刻印象，让潜在雇主对他们感兴趣。按照今天更现代的说法便是：把诸葛亮的微信公众号推送给刘备，让刘备通过这个公众号，去认识和了解诸葛亮，如图 1-1 所示。

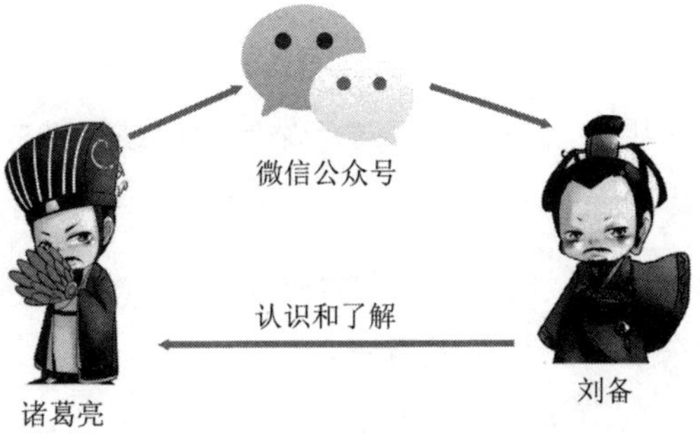

图 1-1　“卧龙凤雏，得一人可安天下”的运营示意图

不知道通过这些故事，大家是否能对运营工作有一个更感性的认知。

相信不少互联网行业的“门外汉”，依然会感觉抽象、不好理解。为了帮助大家更直观、更准确地理解运营工作，我们不妨先暂时忽略运营人员所承担的主要工作职责以及“拉新、留存、促活”等指标，而是先行将产品和用户描绘成图 1-2 所示的具备一定距离的两个圆形。

我们可以规定，用户和产品之间的距离与产品的成功和对用户需求的满足成正比，即：用户和产品越靠近，产品就越成功、越能满足用户的需求，如图 1-2 所示。

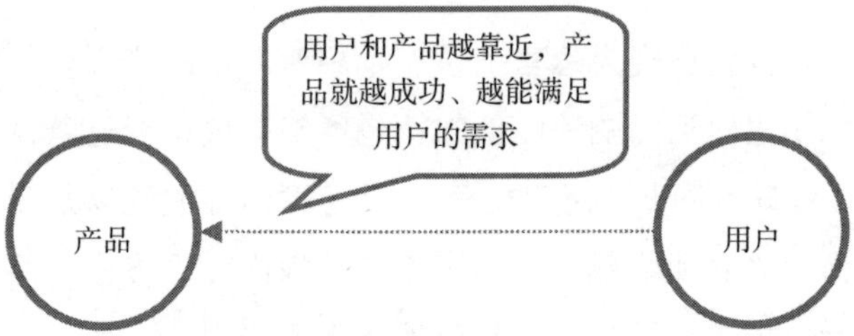

图 1-2　运营的定义

此时，运营人员的工作就是要采取一系列的有效措施，不断地缩短这两个圆形（即用户和产品）之间的距离，并且不断去加速这两个圆形互相靠近的速度，最终使它们完美融合，形成同心圆。

那么，运营人员具体应该如何发挥作用呢？归纳起来，主要通过以下三种方式。

- 采取“干预用户”的方式，对产品的价值进行推广和宣传，促使用户主动靠近产品。
- 采取“干预产品”的方式，对产品经理（PM）落实真实需求进行协助，以此来拉动产品靠近用户。
- 二者兼顾，通过关键意见领袖（KOL）运营、产品主题运营、内容运营、活动运营等来实现二者的相互靠近。

从这个角度来说，运营人员的工作职责其实就是推动产品和用户的不断靠近，而运营工作的工作内容则可以理解为为实现产品和用户的不断靠近提供有效的方案。

说到这里，相信大家应该已经对运营工作究竟做些什么有了一个更直观、更感性的认知。在我看来，工作职责清晰明确、工作内容具体全面，能有效指引后续的运营研究，同时能够很好地展开工作实践的运营工作，便是一个好的运营工作。相信有了感性认知的基础，在后续的章节讨论中，大家对于运营工作，也会有更深刻的认知和理解。

3. 用户眼中的运营

在前文中，我们已经为运营下了一个相对准确的定义。相信这个定义既能帮助我们跳出对运营的狭隘认知，也能够有效引导运营从业者在开展运营工作时，更好地回归“用户视角”，使运营从业者能够从用户的角度出发，一改自己作为企业内部人员所采取的从内而外地推介产品的方式，进而转变为更全面地由外而内地观察产品、服务用户。

因为工作的关系，我曾经接触过很多的互联网从业者，在这些人中，既有高层管理者、中层管理者，也有基层的运营执行人员。我发现，在开展互联网运营工作的时候，他们都有一个共性，那就是都喜欢将“拉新”（增加新用户数量）作为运营工作的起点。

最典型的一个情景就是当企业规划、研发了一个产品 App 后，它们无一例外地总是会选择到处拉用户去下载、注册、使用该产品 App，在具体的做法上又可以分为两种：一种是“烧钱”做产品推广（前提是有足够的推广经费）；另一种是采取“人海战术”到处做宣传（在经费不足的情况下）。

但实际上这样做的结果却并不理想，虽然花了钱，求了人，可最后要么是“拉”不到人，要么是“拉”来的人很快就跑了。对此，许多人总是无法理解，不明白为什么自己辛苦一场，却得不到理想的成绩。其实原因很简单，因为他们虽然都站在了企业方的立场上，却没有以“用户视角”思考问题，导致他们对于互联网的运营模式、对运营工作的理解，出现了偏差。

从本质上来讲，互联网产品不同于那些传统行业的实体化商品。对于用户来说，绝大多数互联网产品都是陌生的、新鲜的，他们在选择产品的时候，也会存有更多的疑虑。

举个例子，在日常生活中，我们对洗衣液都不陌生，对于洗衣液的模样、形状、功能、大概价位等，我们也会有比较具体的认知。这里的“洗衣液”，代表的就是一种传统行业的实体化商品。

然而，假定有一天市场上突然出现了一种新的洗衣液，并且商家一再宣扬只要在有油渍的衣服上滴一滴这种我们从未见过的洗衣液，衣服马上就会变得洁白如新，原价一瓶 100 元，现在打折后一瓶只要 80 元。我想，在现在的信息发达的经济社会中，商家宣扬得越动人，你就一定越想上网了解虚实，然后再做决定，哪怕你是一个特别青睐打折活动、享受优惠的人，也是如此。

当然，即便确认了这种洗衣液确实如商家所言时，相信你也不会立刻购买。因为作为一种全新的产品，在内心深处你对它一定还是会持怀疑态度的。这个阶段，如果你确实对这种一滴就可以洗净油渍的洗衣液感兴趣的话，你应该会再观望一段时间，看看究竟有没有人用过，别人在用过之后又会做出怎样的评价等，然后再做打算。

等到更多的人都开始使用这种洗衣液，并且该产品的用户评价不错的时候，你心里的疑虑才会完全消散，你才会选择去购买这种洗衣液。并且，因为是初次购买，你心里并没有把握，所以你可能还会先选择试用一下商家提供的试用装，在确认了功能确实不错、价格也很实惠以后，你最终才会放心大胆地选购这种洗衣液。

这里的洗衣液，代表的就是对用户来说十分新鲜的互联网产品。而在从洗衣液面世到你最终选择它的过程中，你的每一个步骤，以用户视角来看，其实都代表了用户对新产品的态度：

（1）你通过网络去了解新洗衣液的过程，代表着用户对新产品的初步认知过程。

（2）确认新洗衣液确如商家所言后，你对新洗衣液的持续关注过程，代表着用户关注新产品，进一步认知新产品的过程。

（3）你准备购买新洗衣液前的试用过程，代表着用户体验新产品的过程。

（4）你最终决定购买行为，代表着用户最终认可了新产品，并成为该产品的新用户。

这个例子便很好地说明了在互联网运营中，以“用户视角”思考问题的重要性。对于互联网行业的任何新产品而言，用户在最开始接触它们的时候，可能都会把它们当作“新洗衣液”，如果我们想让用户最终为它买单，就必须稳扎稳打地回归用户视角，帮助用户更好地认识产品，让用户关注产品，并尝试体验产品。

道理很浅显，做起来却并不容易。令我感到遗憾的是，在现实的生活中，大部分从事互联网行业的运营人员，都没有深刻认识到这一点。这也是许多互联网企业在新产品推广方面时常遭受失败的重要原因所在。

在此，我也要再次呼吁，做互联网运营，一定要充分重视回归用户视角。那种不假思索地复用“运营业界套路”或者他人的成功运营经验的做法，一定要杜绝。

以上便是我对互联网运营的一些认知，希望能够使大家对互联网运营有一个初步的“体系化”认识。若还有不理解的地方也无须担忧，深入阅读本书，大家必定能逐步解开各自心中的困惑，完善自己的运营认知体系，构建真正属于自己的运营方法论，从而能够灵活地将运营学识转化为运营实践的利器，并在互联网运营领域大显身手。

1.2　运营部门在互联网企业中的角色

在前文中，我和大家一起就运营的概念、内涵等微观层面的内容进行了探讨。那么在本节中，我将和大家继续探讨运营工作的宏观轮廓，即运营部门在互联网企业中的角色，以提升大家对运营的理解。

1．互联网企业的内部结构

其实，在我看来，运营部门称得上是一个“备受委屈”的部门。

在很多初创的互联网企业中，运营部门往往充当着“万金油”的角色，凡是其他部门职责以外的事项，都划归在运营部门的职责范围之内。有些企业中的运营部门，甚至还充当着“消防部门”和“门面”的角色，不管是产品方面出事了，用户抱怨了，还是媒体爆料了，运营部门都必须在第一时间赶到，紧急救火；不管是企业需要推送“官方新闻”，还是需要做些品牌广告，运营部门也都必须出谋划策。遗憾的是，按照上述例子定位运营的企业，其互联网业务大多都会运作困难。

说到这里，很多人可能会问：在互联网企业中，运营部门到底应该扮演什么角色呢？或者说，运营这一岗位，究竟应该如何定位呢？

要弄清楚这些问题，我们不妨先来看一下互联网企业的内部结构简图，如图 1-3 所示。

在图 1-3 中，方框内的部分代表的是互联网企业的内部结构，方框外则代表着用户与客户。很多人总是分不清用户和客户，客户是为互联网企业带来直接营收的主要群体，而用户则是互联网企业最重要的资产。付费客户是在大量活跃用户的基础上产生的，如果没有用户，就不会有客户。

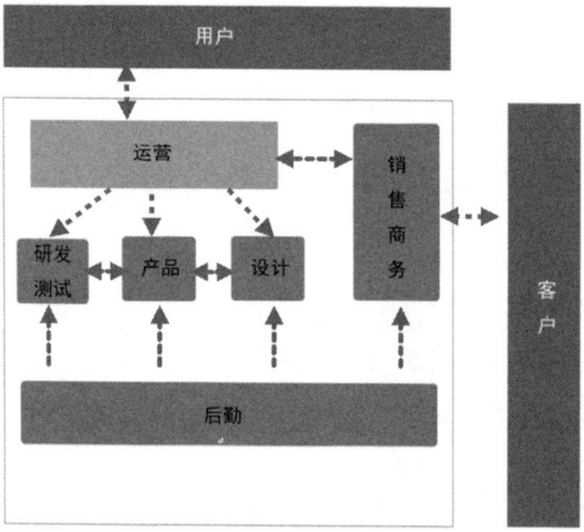

图 1-3　互联网企业的内部结构简图

其中，后勤部门指的是那些为企业内部员工服务的职能部门，例如行政部、财务部等；销售商务部门指的是通过产品销售使企业盈利的部门；产品、设计、研发测试等部门是指那些为“产品”服务的部门；而运营部门通常充当的是衔接产品与用户的桥梁。

2. 运营部门是互联网企业的枢纽

从图 1-3 中，我们可以归纳得出，在互联网企业中，运营部门具有“三最”的特点。

一是与用户接触最多。

二是最懂用户。

三是与公司内其他部门打交道最多。

毫不夸张地说，运营工作贯穿着产品在用户手中经历的整个生命周期，从用户认识产品、关注产品，到体验产品和付费购买，运营部门都发挥着重要的作用。并且，运营环节也从一定程度上决定了用户习惯的养成。正是由于如此长时间、高频率地与用户打交道，运营人员才成为了最了解客户的人，这也是运营部门能成为互联网企业枢纽的重要原因。一方面，运营部门承担着互联网公司的用户推进计划；另一方面，运营环节也间接影响着产品的演变方向。尽管从表面上看，实现产品的应该是产品部门，然而，在互联网企业内部有着“用户代言人”之称的运营部门却常常对用户对产品的需求有着比产品部门更深入的洞察，从而能为企业提供更有价值的产品实现方案。正是因为如此，在许多互联网企业中，产品研发与运营岗位能够很自然地融合在一起。

出于岗位本身的特殊性，运营人员在现实工作中一定要学会充分调动内部的所有资源和力量，例如，请研发测试部门协助开发产品内外的运营活动、小游戏；请 UI 协助设计精美文案；请市场部门协助开展产品活动、品牌推广以及宣传造势，等等，从而更好地推动互联网企业向前发展。

总之，运营部门在互联网企业中扮演的角色，就相当于一辆汽车中的方向盘和发动机。在一个互联网企业中，如果运营人员有足够的能力和情商，可以实现跨部门之间的有效沟通，能有效整合企业的内外部资源，那么，他就能够将企业运营能力发挥到极致，并且产生“协同强化”的效果。

所以，诸位读者朋友们如果正在从事运营工作，或者未来打算成为一位互联网运营人员，就要对自己的工作抱持一种自觉任重道远的使命感，因为互联网企业的成败，重在运营。

1.3 运营工作是个“筐”，什么都能往里装

前两节强调了运营的概念和运营部门在互联网企业中扮演的角色的重要性，这可能会使刚接触互联网运营工作的初级人员热血沸腾，很想在这一行业大显身手。有这样的激情和信心是好的，但千万不要认为从事运营工作就可以理所当然地指挥和利用公司的其他同事，并为此而沾沾自喜，这与我们做好运营工作的目标是背道而驰的。

我先后在亚马逊、京东做了近 10 年的互联网运营，对于运营工作，我内心最大的感触就是使命感。刘强东是一位很睿智且对互联网商业有着清晰洞见的企业家，他曾经多次在公司会议上强调：互联网企业所有的资源都是围绕运营展开的。

确实如此，对于互联网企业，成也运营，败也运营，运营工作就像是一个“筐”，什么都可以往里面装，如图 1-4 所示。

图 1-4 运营工作是个“筐”

但正所谓有多大能力就有多大责任，同理，能支配多大资源就需背负多大的使命。当运营部门担负起整个企业的荣辱兴衰时，我们再没有理由认为自己就是一个打杂的，我们要对运营工作充满敬畏之心，并且要全力以赴地去做好、做精。

从事运营工作这么多年，我非但没有产生职业倦怠感，反而越来越深刻地感受到运营工作的“奥妙”，它对我们的专业能力和综合能力要求甚高，绝不是外界认为的“运营工作无非就是与用户调侃、花钱吸引粉丝、写写爆文、做做活动之流”般浅陋。

接下来，我就来解析运营工作这个“筐”究竟要装些什么。

1．运营工作要“装”的核心：流量建设和用户维护

从整个运营行业的实际经验出发，运营工作这个“筐”装的最核心的东西无非就是流量建设和用户运营。

（1）流量建设

所谓“流量建设”，就是通过各种推广手段提升流量指标，我们常常听到的 PV（页面浏览量）、UV（独立访客）、转化率、SEO（搜索引擎优化）都是这一环节的内容。

在当今的信息化时代，关于流量的重要性我相信已经无须多言。流量就好比是一个漏斗，我们把每一个环节的转化假设成漏斗的一环，如果要吸引大量的价值用户，那么就需要大的流量，如图 1-5 所示。在转化的过程中，我们的基础用户量越大，当转化率到达一个瓶颈时，持续的大流量便成了保证一个平台、一个产品能够永久运营下去的关键因素。

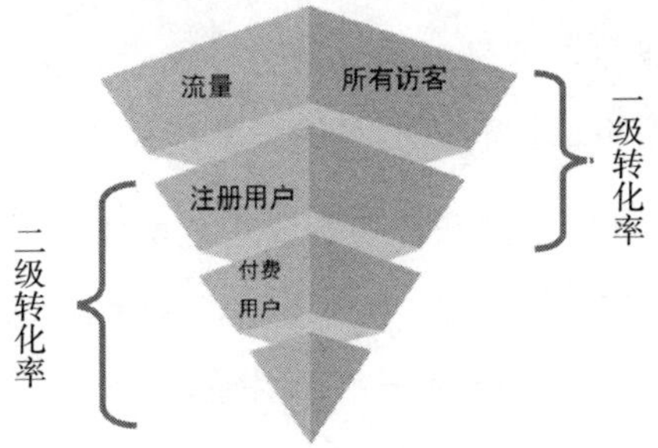

图 1-5　流量重要性示意图

具体而言，在如今的移动互联网时代，特别是在 5G 技术逐渐成熟的条件下，如果我们能够获得大量的目标用户，那么转化率也会持续上升，这样的话，流量就不再是最重要的了。

总的来说，作为互联网运营人员，只要我们有大量的、持续的流量，即使一时未能获得大量的目标用户，也依然是一件值得高兴的事情。

（2）用户维护

当我们通过各种方式方法抢占了流量和用户后，接下来的工作就是如何持续有效地促活和留存，并发现高价值的用户——这些用户会持续为产品带来收益，让产品可以持久地发展开来。

经过这么多年的发展，“用户”已经不单单指“User”（使用者），它还包括“Member”（会员）。

用户维护是一个非常大的话题，也是运营工作的重要内容之一，我将在稍后的章节中详细阐述，在此就不再赘述了。

2. 运营工作要“装”的主要内容：内容运营、用户运营和活动运营

既然说运营工作是一个“筐”，那么除了要装下“流量建设”和“用户维护”，还要装下这些主要内容：内容运营、用户运营、活动运营。下面，我将对这三类工作做逐一分析。

（1）内容运营

关于内容运营的概念，它是指通过创造、编辑呈现产品的内容，从而提高互联网产品的内容价值，制造出对用户维护有作用的内容。

在业界，有的人认为“不是所有互联网产品都需要内容运营”，其实不然，虽然在互联网企业中，“产品”不一定可以看得清、摸得着，但只要是“产品”，都需要内容运营，这一点一定要明确。

具体来说，内容运营的工作范围如图1-6所示。

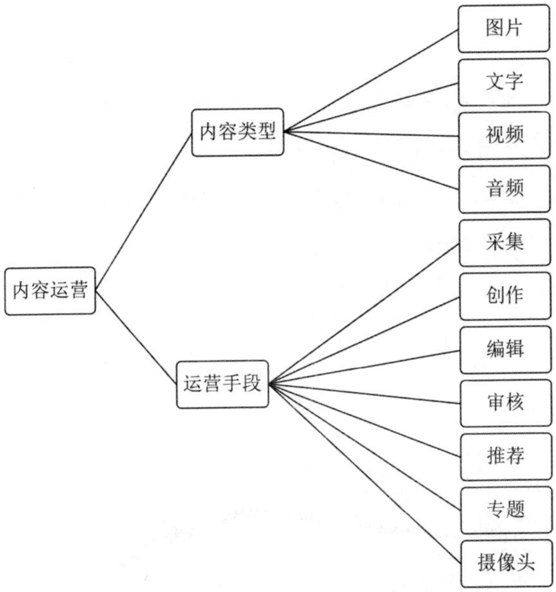

图 1-6　内容运营的工作范围

通过图 1-6，我们可以清晰地认知内容运营的工作范围，那么在这么多的工作中，什么才是核心？对于这一点，我个人的看法是这样的。

- 持续创作对用户有价值的高质量内容。
- 降低或提高用户获取高质量内容的成本。
- 获得利润。

要做好内容运营工作，专业的文案能力必不可少，它对运营人员的创意思维、逻辑能力都有着较高的要求。你既要想出有趣的、吸引用户的好点子来展示你要运营的产品内容，又不能让用户云里雾里不知道你要表达什么。

同时，你还必须了解内容运营的渠道，这也考验每位互联网运营人员对新媒体、自媒体等新兴媒体的掌握和学习能力。我们要针对不同渠道、不同平台的用户属性，因地制宜地展开内容运营，创造出高质量的内容。

（2）用户运营

用户运营，是指以产品的用户拉新、促活、留存为目标，根据用户的需求，制定运营机制。

对一款互联网产品来说，无论是什么形式，都需要经过吸引新用户、留存老用户、保持用户活跃度、促进用户付费、挽回流失用户这几大环节。而这些环节由产品的生命周期所决定。下文中，我们用图 1-7 来具体说明用户数量与运营阶段的关系。

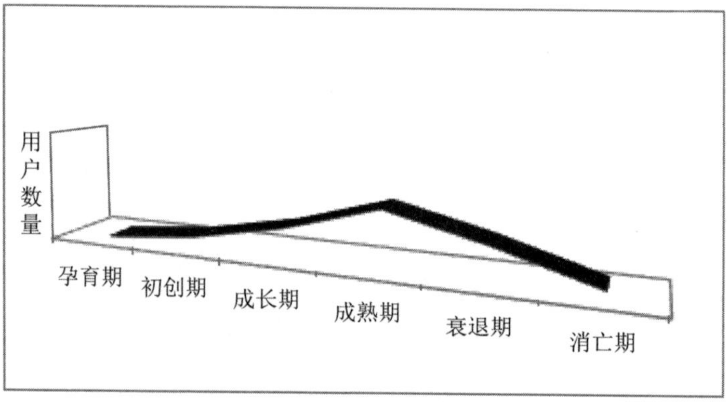

图 1-7 用户数量与运营阶段的关系

在产品的不同阶段，针对不同基数的用户数量，用户运营的工作也会发生动态变化。

从微观的角度来讲，每个用户，他自己本身也会随着年龄、阅历的增长而成长，这些都是导致用户数据大规模变动的因素。例如，你的产品的目标用户群体是 18～20 岁，当你把这一批用户群体维护好并稳定后，过了 5 年、10 年，比如当他们到了 30 岁时，他们极有可能不再使用你的产品。

所以，作为运营人的我们，要时刻保持高度的危机感，珍惜每一次与用户接触的机会，关注他们的每一个成长的痛点，抓住他们的每一个发展的需求，只有这样，才能做好用户运营工作。

（3）活动运营

活动运营，是指通过开展各种活动，在短期内拉动多个指标提升的运营工作。

活动运营可以承担很多工作职责，实现很多运营指标的提升。例如，作为京东的运营人员，当我们发现在节日期间促销打折的活动很受用户欢迎时，我们就把它固化成为一个习惯，京东“618”（京东网购狂欢日）就是一个很好的例子。所以，对于活动运营来说，运营人员要达到的高要求便是通过结构化思维将活动常态化。

说到活动运营的核心，通俗讲就是花小钱办大事，用最低的成本促成整个运营指标的提升。

3. 运营不是万能的

虽然运营工作是个“筐”，但这并不意味着运营是互联网企业包治百病的灵丹妙药，更不是不加筛选的“垃圾筐”，其实，在很多时候，运营工作的效用也是有限的。

运营是一个吃力不讨好的工作，运营结果的好坏，往往不一定取决于运营人员的能力，还受一些无法避免的关键因素的制约，比如产品的好坏、目标用户群体的习惯，等等。

例如，某知名社区就因为一系列不受欢迎的运营手段而遭到用户的投诉，从企业的角度来说其“审核机制”和“用户公约”是有利无害的，但是用户却不买账，该社区也因此损失了很大一部分用户。

某互联网巨头的竞价排名也遭到了大众的诟病，虽然运营工作的出发点是好的，但也确实给企业招来了批评。这些批评除了与公关工作有关，绝大部分则指向运营手段和运营方式。所以，运营并不是一味包治百病的妙药。接下来，我们来分析在什么情况下，运营不是万能的。

当产品定位错的时候，运营人员硬着头皮做运营，即使你有千般好手段，最后也只能是竹篮打水一场空。

基于此，我要强调一下运营的“不变”之处——基于“用户视角”的运营底层框架：不断与用户接触，促进用户对产品的认知、体验、使用、习惯养成、分享。基于“用户视角”的各环节的运营方法和手段如表 1-1 所示。

表 1-1　基于“用户视角”的各环节的运营方法和手段

用户养成的各环节	运营方法（部分）	运营手段（部分）
从接触到认知	线上线下推广、新媒体运营	实体广告、精准摄像头、病毒式营销
从认知到关注	新媒体运营、活动运营、社群运营	自媒体、社交传播
从关注到体验	内容运营、用户运营	自媒体、内容平台、直播
从体验到使用	产品运营、活动运营	行为分析、用户调研
从使用到付费	活动运营	数据分析、积分
从付费到习惯	用户运营、产品运营	文案传播、广告
让分享成为常态	活动运营、用户运营	社交货币、激励

不得不说，运营是一个身负重任同时具有极强挑战性的工作，它有点像互联网时代的“市场营销”。尽管目前没有形成完全成熟的互联网运营体系，但我相信，在不久的将来，互联网运营势必会成为一门高精深的实践学科。而我之所以撰写此书，并积极地、尽力地将它的概念、角色、工作内容等分析清楚，也确实有点“俯首甘为孺子牛”的心态。我希望通过本书，能启发运营人发掘、发挥更大的潜力，并引导运营人共同完善互联网运营体系。

1.4　产品部门和运营部门亦敌亦友的关系

产品和运营到底是什么关系呢？我在京东任职期间也曾和下属谈到过这个问题，在一次会议上我听到这样几种说法。

运营人员 A：产品是“肉身”，运营工作是“灵魂”，让产品有内涵，没有灵魂的肉身是行尸走肉，灵魂与肉身结合才是完整的“人”。

运营人员 B：产品研发工作是基础和主体，运营工作是辅助手段，产品部门是厨师，运营部门就是服务员，服务员积极招呼客人，厨师为客人提供美食。

运营人员 C：产品部门和运营部门不分彼此、水乳交融，我中有你，你中有我。

运营人员 D：产品的卖点是运营工作的前提，产品没有卖点，再好的运营工作也是“巧妇难为无米之炊”。

运营人员 E：产品是孩子，运营部门是操心的妈妈，要想办法让孩子往好的方面成长，还要为孩子找到“归宿”。

在互联网企业里，产品部门和运营部门就好像一对欢喜冤家，有时候配合默契，有时候又互相看不顺眼。我经常听到很多运营人员抱怨：“难道产品再差，我们也要昧着良心让用户买单吗？”

还没有做运营工作之前，我曾经深信“产品研发工作生孩子，运营工作养孩子”这句话，简单地把产品研发和运营的关系理解为先与后的关系，很多运营人员也和曾经的我一样，误解了产品研发和运营的关系，所以才会有运营部门抱怨产品部门“生”的“孩子”太丑，又没有什么特色，让自己在对外宣传和包装产品时感到困难重重。

一款产品正式上线后，假如数据很好，用户增长得很快，运营部门就会认为这是自己的功劳；假如数据不好，没有什么用户，运营部门就会怪产品部门做的产品太差，让用户看了就不想用。

而在产品部门眼中，事情却是另外一个样子：假如数据很好，用户增长得很快，就会认为这是自己的功劳，运营工作谁来做都一样；假如数据不好，用户数量没上来，就会怪运营部门做得不够好，别人的产品不如我们，数据却比我们好，都怪运营部门不给力。

所以，产品卖不出去，到底是运营部门的问题，还是产品部门的问题呢？

我在亚马逊和京东从事运营工作期间，曾经出于工作原因和产品经理有过许多合作，通过与产品经理的接触，我对产品部门和运营部门的关系也有了一些新的认识。所以，在这一节中，我想和大家聊聊产品部门与运营部门之间亦敌亦友的关系。

1. 产品部门和运营部门之间的两大矛盾

产品部门和运营部门在互相协作的过程中，会出现许多矛盾点。

（1）运营部门：不想再为产品背“黑锅”

我们先来听听运营工作人员的吐槽：“为什么产品经理从来不和我们沟通？他们懂用户需求吗？懂运营吗？新功能上线后引得用户骂声一片，出来安抚用户、和用户解释的都是运营部门，产品经理们难道一点责任都没有吗？”

“运营部门提出的需求总是被定为最低优先级，提了需求还要给出预估效果，可产品还没上线，怎么做预估呢？这些产品经理就会搞形式主义！”

“好不容易获得了一点好的反响，产品经理就开始忙着写效果评估，殊不知这都是核心用户在支持我们，也是我们运营部门辛苦策划活动的成果，怎么最后功劳成产品经理的了？”

产品部门与运营部门的矛盾点如图 1-8 所示。

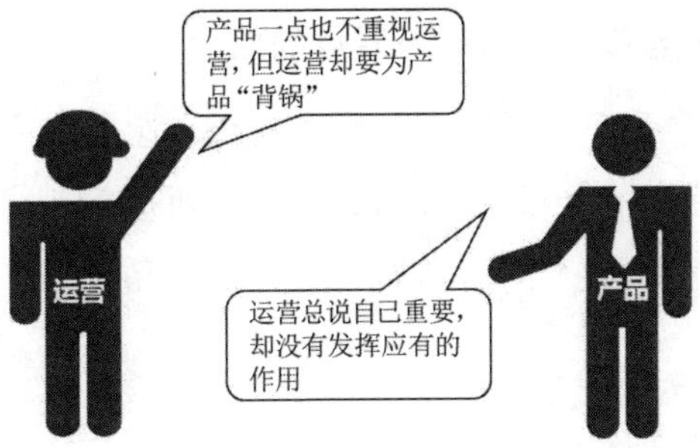

图 1-8　产品部门与运营部门的矛盾点

（2）产品部门：运营部门不能发挥应有作用

产品经理的心里又是怎么想的呢？“那些运营人员到底有没有一点基本的产品思维？能不能不要再提一些不着边际的需求了？我们还要花时间解释为什么不能做，这样用户需求反馈上来，运营人员在中间什么作用都没起！”

“运营部门就知道盯着 KPI。数据是上去了，可是留存率还是一样没起色！就知道抽奖送礼，把好好的产品搞得乌烟瘴气！”

“产品需要爆点，小打小闹是不够的，既然运营部门说自己在业内人脉广，为什么不请那些大咖来帮忙推广呢？”

上面的双方观点虽然有极端和偏颇之处，但是却很有代表性，相信很多产品研发人员和运营人员都有过类似的牢骚。其实，这种互相抱怨和吐槽是双方思维方式和工作方式不一致引起的。我们运营人员在埋怨产品不好时，对方也同样在吐槽我们的运营工作不到位。不过，同在一家公司工作，就没有什么是不能协商解决的，发完牢骚，终究还是要心平气和地坐下来共同解决问题。

产品和运营两个职能要配合默契并不容易，想要双方通力协作、有序运转，便要明确产品部门和运营部门形成这种亦敌亦友关系的根本原因。

2. 产品部门和运营部门出现矛盾点的原因

产品部门和运营部门之间出现矛盾点的根本原因是双方各自为政，不能互相协作。这种不一致导致双方的工作变成两根平行线，在执行过程中不能形成合力。而解决这个问题的核心就是让产品部门和运营部门互相协作，相互沟通。

之所以会形成这种目标不一致的现象，是因为产品部门和运营部门的分工不同。从公司的组织架构上看，大部分公司的产品部门和运营部门是两个不同的部门，由两位部门负责人分别领导。所以，两个团队的工作内容和工作方式也是不同的，如果再不懂得沟通和协作，势必会产生矛盾。

有时候，两个部门的负责人也会为了争夺话语权而使两个部门出现对峙局面。工作上各自为政，在企业中也要争夺话语权，所以两个部门很难互相配合，这种情况不仅会影响决策的正确性，也会拖慢产品研发和销售的进度。

打个比方，两个人一起做一道炒土豆的菜，一个负责切，一个负责炒，负责切的人把土豆切成了丝，因为他认为炒土豆丝是最好吃的，而负责炒的人准备做炒土豆片，因为他认为土豆片比较受客人的欢迎。此时，切的人会指责炒的人不懂炒土豆丝的美味，而炒的人则会怪切的人不考虑客人的想法。最后，这道炒土豆当然做不好。

因此，产品部门和运营部门在进行分工时除了要保证独立性，还要互相沟通，避免出现工作目标和工作内容冲突的情况。良好的沟通和协作既可以提升团队工作效率，也能让工作中的问题有机会暴露出来。

3. 产品部门和运营部门，谁更有话语权

产品部门和运营部门之间还存在话语权之争，双方都希望能主导项目，都不会轻易向对方低头，如此便不可能维持平衡。双方之间“不是东风压倒西风，就是西风压倒东风”，有时候运营部门占了上风，有时候产品部门占了上风。

要判断团队究竟是运营驱动，还是产品驱动，第一要看团队基因，第二要看产品属性。

团队基因来自创始人团队，所以团队基因就是创始人基因。团队的领导者决定了团队的驱动引擎，在任何一家企业中都是如此。如果团队的领导者是产品经理出身，那么团队就是产品驱动；如果团队的领导者是技术出身，那么运营的角色在团队中一般会相对弱势，因为技术出身的人普遍不重视运营工作。

产品属性就是产品的种类和特性，不同类型的产品适合不同的团队组织架构，也相当于决定了产品部门和运营部门的话语权。例如，工具性产品的团队，一般来说是产品驱动的；对拍照类 App 来说，渠道很重要，但也不足以成为团队驱动引擎；O2O 的产品团队，一般来说是运营驱动的。显然，产品驱动的团队，产品部门更有话语权；运营驱动的团队，运营部门更有话语权。

4．产品研发人员和运营人员应该怎样配合

说了这么多，产品研发人员和运营人员到底应该怎样配合呢？双方的配合要分为如下两个阶段：产品上线前和产品上线后。

（1）产品上线前，产品研发人员和运营人员需要配合的三个重点

在产品上线之前的阶段，产品研发人员和运营人员需要相互配合的环节有如下三点。

① 告知团队成员项目的背景、方向和规划，让所有参与项目的人都充分了解信息。虽然产品的功能规划、发展方向都是由公司领导定下的，但是，把项目的详情告知团队成员，对后续的落地执行仍是很有帮助的。

② 运营人员和产品研发人员协同工作，双方共同参与讨论，对目标受众、产品功能、版本节奏、运营规划等事务进行商讨，制订出大致的产品框架和计划。同时按照计划分头行动，运营人员负责准备内容、渠道、核

心用户和上线后的爆点；产品研发人员负责画原型、定功能细节。在此阶段，双方暂时不需要进行频繁的协作，但是要了解对方的进展，应做到信息互通。

③ 在上线前的准备阶段，运营人员和产品人员要再次碰头，交出前面阶段的成果，进行深入的讨论和沟通，为产品上线做好准备。

（2）产品上线后，运营人员和产品研发人员要承担不同的责任

产品上线后，运营人员和产品研发人员要再次协同工作，在这个阶段里，双方需要进行高频率的沟通，还要互相推进对方的工作。运营人员和产品研发人员分别要承担不同的责任。

① 运营人员要承担的责任：运营人员在这个阶段要做好用户反馈，在兼顾内容、活动和渠道的同时要注意收集用户的反馈数据，并及时通报给产品经理，让团队明晰用户对产品的态度和反应。运营人员要推动产品经理把用户需求转化为产品需求，还要推动产品经理解决可提升运营效率的工具需求。

② 产品研发人员要承担的责任：产品研发人员在这个阶段除了要修复产品 bug、完成产品需求，还要关注来自运营人员的反馈，这是对之前决策进行印证的过程。产品研发人员还要关注运营人员遇到的困难，主动与运营人员进行沟通，分析运营人员遇到的困难是否可以通过改进产品的方式解决，给出解决方案并完成研发。产品研发人员还要注意观察运营措施是否合理，能否实现产品的运营目标，如果发现运营过程中有偏离目标和一味追求 KPI 的现象，要及时与运营人员沟通并协助改进。

上面提到的是产品上线前后需要运营人员和产品研发人员互相配合的几个节点，也是一个整体的思路。由于每个项目的具体情况不同，在实施的过程中，我们要具体问题具体分析。

5. 产品和运营发挥最大价值时会如何

（1）当产品发挥最大价值时

如果产品的价值发挥到极致就会为行业带来革命性的变革，尤其是科技行业和文化产业的产品，比如大疆无人机、阿尔法 GO、暴雪游戏、好莱坞电影，无一不是发挥到极致的产品。这些产品是行业内无数人才通过思维创新和辛勤实践打磨出来的，它们都是各自行业里的精品之作。

产品发挥到极致还代表了技术的突破，可口可乐的配方在当年价值千金，因为别的厂商生产不出那样的汽水，而用户却偏偏很喜欢。这就是产品的力量，也是技术的力量。每一个划时代的产品都是这样，比如蒸汽机、第一辆汽车、第一架飞机等。在我们的这个时代，也有这样的例子，最典型的就是应用了 iOS 系统的苹果手机。

发挥到极致的产品还意味着绝对的竞争优势，也意味着商业奇迹。比如暴雪游戏，每款新游戏上市，都会有无数用户迅速上手，根本不需要运营环节特别发力。假如未来某一天，科技极度发达，某个企业发明了时空穿梭机，那么这样的产品即使没有经历运营环节，也能引爆市场，这就是产品的极致魅力。

（2）当运营发挥最大价值时

现代运营的历史不过短短 20 年，系统的理论知识也是近几年才形成的。运营其实是从产品和营销行业中分出来的一门业务，同产品和营销行业都有联系。

所以，运营人员都是“杂家”和“万金油”，无论什么知识和技能都要会一点，因而，会运营的人又被称为“百宝箱”和“及时雨”。运营的种类有很多，有海底捞这样的服务类运营，也有虎扑这样的社区类运营，还有抖音这样的用户类运营。不同的运营类型，需要的技能和方法也不太一样。

很多产品的技术体系都是一样的，不存在什么技术壁垒，目标用户群体也是大体一致，可是，有些人的运营工作做得好，有些人的运营工作做得差。这是因为运营工作本身即有一套不断进化的规则和机制，有些人掌握了规则，而有些人没有。这其中还涉及了团队的执行力，有的团队执行力强，运营效果便好，有的团队执行力差，运营效果也就差。

在我看来，极致的产品背后有绝对的竞争优势，极致的运营背后则有合理的规则和机制，前者依赖天赋，后者依赖执行。在现代商业环境中，产品研发和运营就像是两驾马车，针对不同的产品和不同的阶段，两者中必然是其中一个为主，另外一个为辅。但是，这两驾马车也会随着时间不断发展和变化，当短板逐渐消失，企业就会成为行业巨头。

无论是产品研发，还是运营，对企业而言均同样重要，我们运营人员如果要从一个基础岗位慢慢走向高阶岗位，就不可避免地要与其他部门、其他行业的人打交道，所以我们除了要精通本行业的知识与技能，还要尽量多地了解其他领域的相关知识。

第 2 章

自我修炼：如何通过学习，快速成为合格的运营人员

作为互联网运营人员，你是不是总是担心自己被淘汰？诚然，互联网运营的入行门槛较低，看起来似乎人人都可以做。但是，把运营工作做好、做精，让自己成为一名合格的互联网运营人员，却不是一件容易的事。只有不断学习和修炼，努力提升自身核心竞争力，才能在互联网运营领域走得更远。

2.1 互联网运营人员的普遍焦虑

在第 1 章中，我们大致了解了运营的概念和意义，相信大家通过上一章的阅读，已经对“运营”有了基本的认识。接下来，我们要更深入、更具体地了解运营，从落地和实操的角度来聊聊“如何成为合格的运营人员”。

我在互联网运营圈奋斗多年，接触了无数互联网运营人员，我发现，这个群体有种普遍的焦虑情绪，其中以入行 1～4 年的运营人员最为显著，他们是互联网运营大军中最容易陷入迷茫的一群人，他们身上有很多共同的困惑和焦虑，总结起来，大致如下。

- “文案、客服、社群、新媒体、活动，这些活都要我来干，与其说是做运营工作，还不如说是打杂。”
- “付出很多时间和精力，却没有好的效果，运营工作带给我的全是挫败感。”
- “我觉得自己缺乏系统的运营知识，在互联网运营行业没有核心竞争力，很想学习，却不知道该怎样学。”
- “我觉得我什么都会，但又什么都不精，干这一行很难让我学到一技之长，我感到很迷茫。”

事实上，这些并不是他们“矫情”，也不是他们“玻璃心”，这些都是真实存在的互联网运营人员的普遍焦虑现象。而造成这种现象的，正是出于运营这个岗位本身的特殊性。

一方面，“运营”的职能是很宽泛的，比如推广、活动策划、用户维护，甚至客服这样看起来不与运营工作直接相关的工作内容都属于“运营”的工作范畴。这些工作繁杂琐碎，而且老板随时会心血来潮，想到什么就让公司的运营人员去做。比如有个用户群没人管、有新产品上线需要推广，老板都会“丢给”运营人员。在这种情况下，如果不具备系统的工作方法，运营人员在公司内就很容易被当成“打杂的”。

另一方面，不同行业的运营，有不同的工作内容和工作方法。例如，做电商运营和做网络社区运营，在工作方法上就会有很大的不同。

但是，互联网行业总是千变万化，大部分产品只能“存活”几个月到一两年，业务方向也会随时发生变化，这就导致了很多互联网运营人员都要跨行业发展。据我了解，超过 80%的运营人员在职业生涯的早期就已经涉足了多个不同的行业，可能去年做互联网金融，今年做教育培训，明年就要去做电子商务（电商）。

这种频繁的跨行业工作，对于运营人员来说是再正常不过的，而且也是一种必然。但是，跨行业发展会带来一个巨大的问题，那就是原有的工作经验无法被复制，只能一切重新开始。

面对这样的情况，入行时间还不长的运营人员该怎样应对呢？我有两个建议。

第一个建议：要让自己成为一个“多面手”，多磨炼各种运营相关的“通用技能”，减少自己的短板，让自己的能力范围变得更宽广。

第二个建议：让自己对工作方法的掌握程度更深、更系统一些，形成一套有效的工作逻辑。避免“东一榔头，西一棒槌”的“打杂式”工作。

我会在下文对这两个建议进行逐一解读。

1. 将运营岗位的通用技能修炼合格

这条建议的“弦外之音”其实是能力过于单一的运营人员，很可能无法适应互联网行业的多变。的确，在风云变幻的互联网行业，能力范围过于狭窄，对运营人员来说有可能是“致命”的。

我们来看一个案例：

小刘在一家互联网公司工作，她负责公司棋牌游戏业务的用户社群运营，主要工作内容是在论坛和 QQ 群中按时发布内容。在很长一段时间内，小刘都在做这一件事，也只会做这一件事。借着互联网行业蓬勃发展的东风，小刘的薪水也算过得去。

可惜好景不长，由于棋牌游戏业务不景气，公司决定砍掉整个项目部，小刘也在被裁员的行列中。她又要重新找工作了，可她还能找到一家经营线上棋牌游戏的公司，做同样的社群运营工作吗？也许可以，但在这样一个很容易会被替代的岗位上，又能做多久呢？小刘对自己的未来感到迷茫。

可以说，在互联网运营人员中，有很多这样的“小刘”，由于能力不够全面，所以不能实现跨行业发展。为了避免这样的情况，大家最好尽量掌握一些不需要依赖特定环境、特定工具的技能。

什么是“不需要依赖特定环境、特定工具的技能”呢？我来为大家做进一步的解释。

不同行业、不同公司的运营业务，在工作内容上虽然有很多不同，但是在工作方法上却存在很多共性，而且有一些技能也是通用的。一旦掌握了这些通用的技能和方法，无论进入任何公司或行业，服务任何形态的产品，你都可以快速适应，做到游刃有余。

这些通用的方法和技能有很多。例如，项目管理、文案、基础数据分析、常见的第三方推广操作逻辑、常见的活动策划、常见运营指标的管理和拆解、常见的运营执行与落地等。

我认为，对于一个运营新人来说，将常见的通用技能修炼到合格线以上，才是最好的选择。也就是说，接到手中的任何一项新工作，其基本要求都要得到满足，只有做到这一点，你才能成为“即插即用”型人才，无论到了哪家公司，都能迅速找到自己的位置，发挥自己的价值。这样一来，入行时间不长的运营新人才可以尽快消除职业发展道路上的焦虑和迷茫。

2. 让自己掌握更深、更系统的工作方法

同样一项运营工作，能力水平不同的人，做出的工作成果也不同。那些能力有所欠缺、没有掌握系统的工作方法的人就注定只能“打杂”，或者长期徘徊在“没有成就感”的怪圈里。

以我团队里的员工小李和小王为例。

有一次，我要以提升销售额为目的，做一个线上活动，由小王和小李来负责。他们两人在进行同样的活动策划和执行、落地时，采取了完全不同的工作思路。

小李的工作方法是：先观察其他同类产品的活动，或者到微博上搜索，通过观察，他发现抽奖活动是做得最多的。于是，他拍拍脑袋，决定做一个买产品就能参加抽奖的活动，向我申请了资金和奖品，就卷起袖子开干了。

而小王则有一套更全面、更有逻辑的工作方法，他先是收集了很多数据，然后进行分析和思考。他考虑了这样一些问题：要提升销售额，是应该从刺激老客户回购入手，还是应该从开发新客户入手？公司现有产品中，哪一种产品更好卖？要怎样设计活动玩法，才能让消费者尽可能多地访问网站？要用哪种方式刺激消费者下单购买？怎样让消费者在购买以后进行分享和传播……

如果你是我，你会更青睐哪位运营人员的决策呢？毫无疑问，当然是小王，因为只有这样的运营人员才是为业务目标负责，才能让活动产生效果。而小李则会彻底成为一个“打杂的”，也难以在工作中获得成就感。

结果如我所料，小王如今已经是我最得力的助手，而小李依旧还停留在刚入门水准。所以，我特别强调工作方法的重要性，除了意识到通用技能的重要性，还要让自己更深、更系统地掌握这些技能，使自己的工作更有逻辑，真正做到为目标服务、为产品服务，而不是仅仅停留在表面，使运营工作变成一种形式。

2.2　优秀运营人员要具备哪些素质和能力

常常有人问我：“什么样的人最适合做运营工作？”

其实，这个问题没有所谓的正确答案，因为没有人天生就适合做哪一门工作，所有人都是通过后天的学习和磨炼，才获得了相应的能力。在我看来，每个人都可以做运营工作，只要他具备了与运营相关的素质和能力。

当你决定要成为一位互联网运营人员时，就要对这门工作有一个基本判断——哪些事是必须做好的，哪些事是可以适当放弃的。我们做事情时，一定要懂得抓住主要矛盾，不要在无关紧要的事情上徘徊。

所以，本节我们主要分析：“优秀运营人员要具备哪些素质和能力？”

1. 优秀运营人员应具备的基本素质

（1）优秀的个人特质

运营人员的特质，其实就是运营人员骨子里应该具备的特点，包括个性、心理素质、天性等。这些内在的特质能反映出一个人的潜能，也可以影响一个人的行为。可以说，个人特质决定了我们做事的方法和态度，也影响着最终的结果。具体来说，优秀运营人员应具备的个人特质包括：价值观、道德观、修养、责任心、专注力、判断力、态度、耐性、韧性、逆商、魄力等，这些特质都是可以通过后天的锻炼培养出来的。以我为例，我的价值观、做事方法，以及性格中的某一部分，就是在从事运营工作的过程中逐渐形成的。我觉得这些个人特质是一个人能否做好运营工作的关键所在。

我们大家都知道“冰山模型”，“冰山”的 80%都隐藏在“海面”以下，如图 2-1 所示。而个人特质恰好也属于被隐藏起来的这一部分，不容易被察觉，也不会轻易外露。所以，我们也很难从表面上判断一个人是否具备某种特质，个人特质只有通过实际工作才能体现出来。

不管是什么工作，我们都不敢保证自己会做一辈子。但你在换了新工作之后，是否还能做好，就取决于“冰山”下面 80%的东西能否发挥作用了。

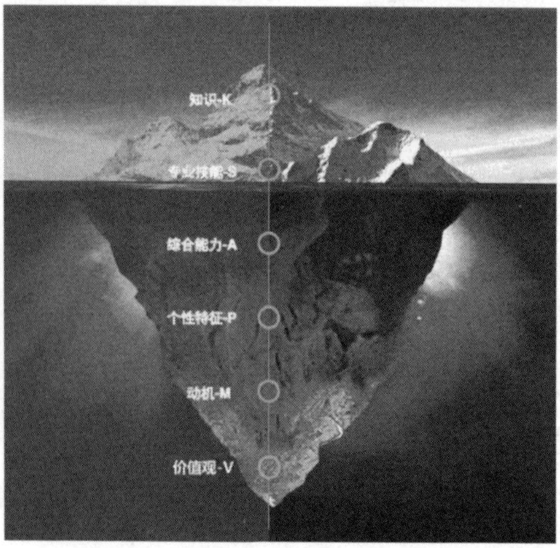

图 2-1 “冰山模型”示意图

（2）综合文化素质

运营人员的文化素质，是一个综合的要求，从来没有“某专业的一定比其他专业的更适合做运营工作”的说法。我大学学的是日语专业，可以说与互联网运营几乎没有什么关联，但是我在亚马逊和京东做互联网运营都还做得不错。实际上，目前大学里也没有互联网运营这门课程。

想做好运营工作，专业素质必须过硬。互联网运营所涉及的模块有很多，这就意味着一位专业的运营人员必须有广泛的知识面。但是，有些基本功也是必不可少的，比如扎实的文字功底。试想一下，一个连文案都写不好的人，怎么可能成为一位优秀的运营人员呢？作为一位运营人员，千万不要说：“我文字功底差。”如果文字功底还有所欠缺，就要进行有针对性的练习。

对于专攻用户运营模块的运营人员而言，要求就更高了，不论是专业知识，还是文字功底，他们都要精通，并且还要做到专业知识和文字功底的系统化和规范化。在这些方面，用户运营人员的要求要比产品运营人员和商务运营人员的要求更高。

运营工作的基本功也是在长期的实践中锻炼出来的，工作年限不同的运营人员，在工作能力和工作经验上是绝对不一样的。工作用心程度不同，也会使每个人的基本功产生差别，同样工作 5 年的两个人，在能力上很可能已经有了天壤之别。很多人谈起理论来头头是道，可做起事来却很一般，运营人员之间的差距就是在实操中体现出来的。

如果运营人员有其他专长，在运营工作中也是一大优势，比如数学好的人，在数据运营方面会有一定优势；学心理学的人，对用户心理、用户意识会把握得更好；文学素养高的人，文字方面的能力就会比较强。

（3）较高的品德和修养

运营人员的品德和修养，看似不会对工作产生影响，但是若站在用户的层面，它就会显得尤为重要。

运营人员是整个平台的管理者，是用户体系和用户生态的建设者。一个社区的文化和氛围，是运营人员和用户共同打造的，而运营人员还要担当起社区文化引导者的角色，用自己的一言一行去向用户传达一些观念和思维。

可以说，运营人员就是社区文化和用户生态的“根”。如果运营人员的价值观糜烂、品德和修养低下，那么整个平台就会变得乌烟瘴气，高质量的核心用户也会逐渐离开。如果运营人员有较高的品德和修养，就会对平台、对用户产生积极影响，同时树立起产品的正面形象。

产品和平台在用户心目中的形象，与运营人员个人的品德和修养是息息相关的。作为运营人员，我们千万不要小看自己的作用，如果我们做得足够好，用户也会被感染、平台也会被感动。

2. 优秀运营人员应具备的基本能力

上文谈到的是一位运营人员应当具备的素质，在此，我们来探讨运营人员应该具备的能力。

不过，在探讨之前，我们首先要明确以下两点。

- 运营是一项系统化的工作，我们需要通过不断地总结和复盘来完善工作、完善自己。
- 成体系的知识会让我们受益匪浅。

带着这两点认知，我们来认真探讨作为一位互联网运营人员，应具备的基本能力。

（1）数据分析能力

运营工作中离不开数据运营，也离不开数据分析，数据可以反映出产品的状态、用户的状态、行业的趋势等，数据所包含的信息量十分巨大，一位合格的运营人员必须善于分析和挖掘数据背后的现象。

数据分析包括数据收集、数据分析、分析反馈等步骤，而常用的数据分析方法有对比分析法、漏斗分析法、聚类分析法、同期分析法等。如下文所述。

① 对比分析法，难易程度：★★

对比分析法是用过往数据与本次活动数据进行对比，对本次活动的效果进行分析。对比分析涉及的数据一般有 PV、UV、转换率等与活动相关的数据。

对比分析的方法有环比、同比反射等，是一种最简单、最常见的数据分析方法。

② 漏斗分析法，难易程度：★★

漏斗分析法是一种流程式的数据分析方法，它可以科学地反映出用户的行为状态和各阶段的用户转化率情况。漏斗分析法贯穿了用户从来到走的整个历程，在这个过程中，用户逐渐流失、越来越少，相应地，每个分析环节的数据也越来越少，整个模型就像一个漏斗，所以叫作漏斗分析法。这种数据分析方法也比较简单和常见，如图 2-2 所示。

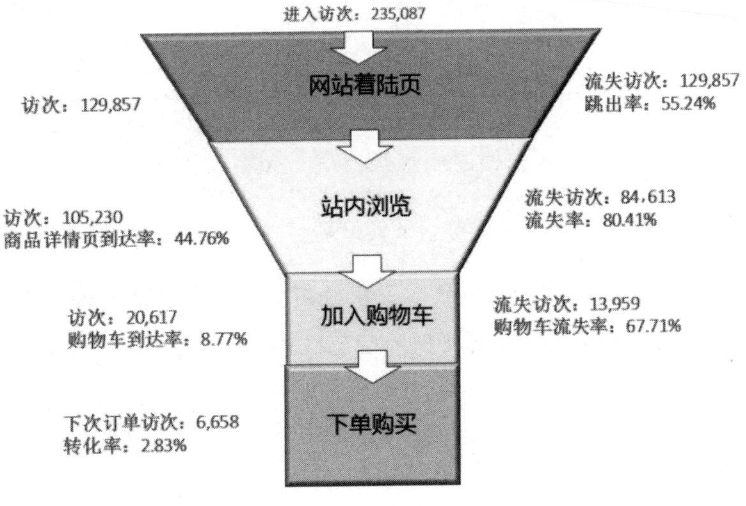

图 2-2　漏斗分析法示意图

③ 聚类分析法，难易程度：★★★★

生活中，我们常说“物以类聚，人以群分”，我们可以通过人和事物的共性特征来对它们进行分类，并研究其中的规律。聚类分析法的运用也是基于同样的道理。

聚类分析法是指将对象的集合进行分组，形成由相似的对象组成的多个类的分析过程。聚类分析法一般用于分析自变量和因变量的关系，从运营工作的角度来说，它可以帮助我们分析用户的行为和潜在价值，达到精准运营和优化市场的目的。

不过，聚类分析法的难度较大，需要用到很多统计学知识，如果数据量较大，还需要借助专业的 SPSS 工具，如图 2-3 所示。

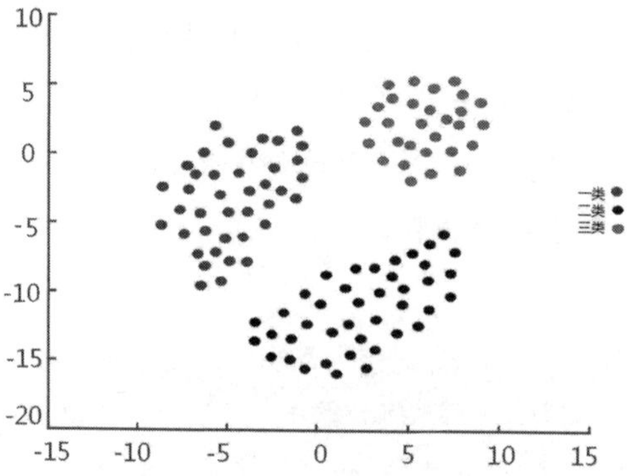

图 2-3　聚类分析法示意图

④ 同期分析法，难易程度：★★★★

同期分析法又叫同期群分析法，是分析用户留存率的关键方法，它对用户的使用属性进行归类，并按照时间顺序进行排列，分析用户的留存率，如图 2-4 所示。

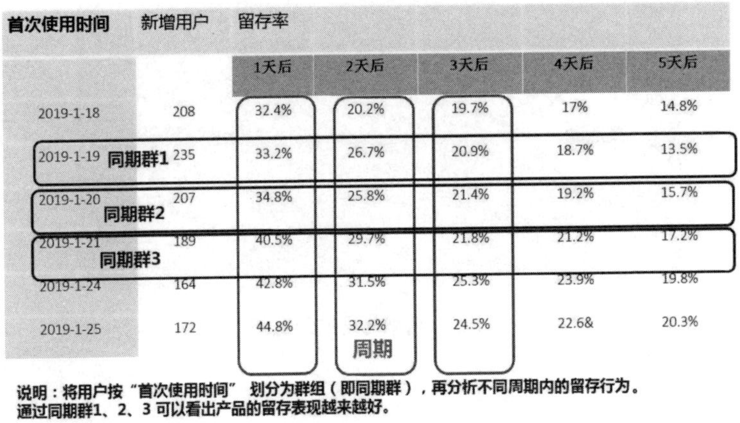

首次使用时间	新增用户	留存率				
		1天后	2天后	3天后	4天后	5天后
2019-1-18	208	32.4%	20.2%	19.7%	17%	14.8%
2019-1-19	235	33.2%	26.7%	20.9%	18.7%	13.5%
2019-1-20	207	34.8%	25.8%	21.4%	19.2%	15.7%
2019-1-21	189	40.5%	29.7%	21.8%	21.2%	17.2%
2019-1-24	164	42.8%	31.5%	25.3%	23.9%	19.8%
2019-1-25	172	44.8%	32.2%	24.5%	22.6&	20.3%

图 2-4　同期分析法示意图

在分析用户行为的过程中，我们需要有更加细致的衡量标准，以更准确地判断用户的动机，更好地预测产品的未来走向，并及时进行优化和改进。

（2）思维能力

思维能力是运营人员应具备的基本能力，是所有运营工作的基础，如果没有这个基础，后面的修炼和提升就如同“空中楼阁”。

那么，作为一位运营人员，我们应该具备哪些思维能力呢？

① 精细化思维

精细化思维就是针对场景、用户、流程的差异化进行细分的运营思维，它的目的是让运营变得可控。

精细化运营让运营结果变得可控，当我们要策划某个活动时，就可以具象化和拆分活动目的，将活动目的精准落实到每个人、每个场景和每个流程，以达到精准运营的目的，把整个活动变成可控的，如图 2-5 所示。

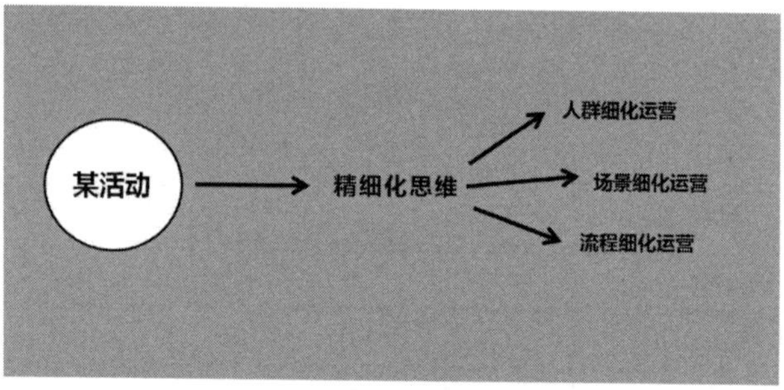

图 2-5　精细化思维示意图

② 流程化思维

流程化思维的基本思考方式分为三步，分别是分析目标、拆分目标和完善路程。

简单来说，流程化思维能力就是逻辑思维能力，我们在解数学题时也会运用到这样的思维方式：首先分析目标，再拆分步骤，最后再解题。

例如，老板布置了一项任务：在线下推广活动中，要做一个易拉宝，让路过的人扫码关注产品。运用流程化思维方式，整个流程如图 2-6 所示。

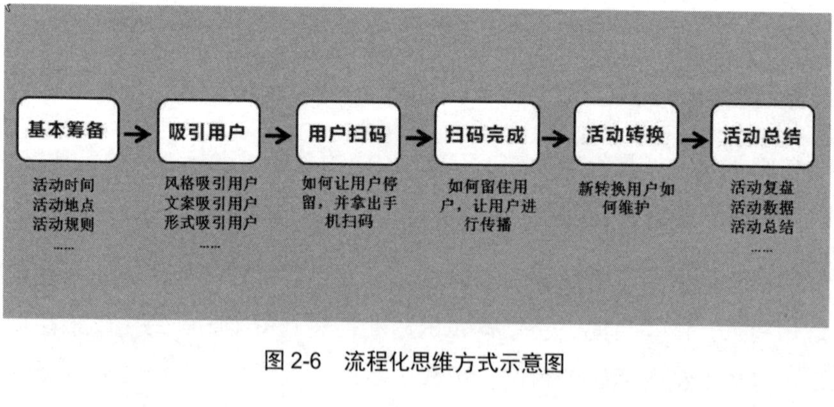

图 2-6　流程化思维方式示意图

③ 借力思维

借力思维是指借助事件、场景、人物，来体现和提升品牌的价值。最常见的借力思维就是蹭热点、明星代言、联合活动，借助名人、名牌和社会热点的力量来提升自己的知名度。

热点事件和明星效应，可以为品牌聚集更多用户的目光，可以提升推广的效率，而且可以做到低投入和高产出，少量投入就能获得想要的效果。所以，借力思维是一种低成本、高效率的运营思维。

④ 复盘思维

复盘思维是指，通过总结、归纳和分析对自己的工作进行反思，并最终形成自己的一套行之有效的工作方法。复盘思维分为四个步骤：明确目标、分析流程、分析原因、总结。

明确目标就是明确一个活动或项目的最终目的，这个环节非常重要，因为判断活动或项目是否成功的标准就是是否达到目标。

分析流程就是重新把所有的流程过一遍，分析每个环节是否合理，还有没有改进的空间。

分析原因就是分析每一个环节是否都达到了标准，如果没有达到，则需进一步分析失败的原因，并思考应该怎样改进和调整。

总结主要是找出整个活动中值得学习的地方和应该吸取的教训，并形成自己的思维体系和工作方法。

复盘思维可以帮助我们总结失败的教训和成功的经验，为以后的工作提供指导，这种思维能力可以帮助运营新人快速成长和提高。

（3）自我认知能力

每位运营人员都应该对自己有一个基本的判断和认知，应该清醒地认识到自己目前处于什么阶段。人们在保持自信的同时，更应该谦虚和低调，要靠真正的工作成绩来说话。

我曾经见过很多刚刚工作两三年便开始包装和炒作自己的人，明明没有取得突出的成绩，也没有达到一定的水平，就开始标榜自己的“优秀”。

优秀，从来不是说出来的，而是在工作中体现出来的。与其当个夸夸其谈的“出头鸟”，还不如踏踏实实地夯实自己的基本功，多向优秀的人学习。

有了清晰的自我认知，就要积极补齐自己的短板，提升个人能力，为此，运营人员应从以下几个方面入手。

① 发展广泛的兴趣爱好

兴趣广泛的人在思想上更为广阔，在行动上更为灵活，在能力上也更加高远。罗振宇曾经说过：“兴趣广泛的人，他们拿着很多把钥匙，可以开启很多通往新世界的大门。”

作为运营人员，我们要发展广泛的兴趣爱好，丰富自己的知识库，提升自己的综合能力。广泛的兴趣让我们更具创新能力，能时不时地冒出新点子，还能让我们更好地和用户打交道。

② 提高执行能力

古人云“纸上得来终觉浅，绝知此事要躬行”。我们都知道，执行和理论是两码事，理论体现思维和创意，而执行则要考虑可行性，要排除许多困难和不可控因素。如何使理论落地执行，就考验我们的执行能力了。

要提高自己的执行能力，首先要有扎实的基本功，只有这样，我们才能判断项目是否可行，并预测执行过程中可能遇到的困难。执行的第一步是建立行动框架，只有建立了行动框架，我们的执行才能有条不紊，而行动框架的建立也是需要基本功的。

③ 提高人群特征洞察能力

从事运营工作一定要了解用户，熟悉用户的心理，了解不同年龄、性别、职业、地域人群的需求和特点。只有挖掘到他们的共鸣点，才能做到精准运营，为获取新用户、激活老用户、留存新老用户做好铺垫。人群特征洞察能力还可以帮助我们做出更有针对性的内容，用好的内容牢牢地吸引用户。

那么，我们要如何提高人群特征洞察能力呢？

首先，我们可以多学习一些心理学和社会学的知识，研读一些这方面的专业书籍和文章。

其次，我们要多关注大数据报告，留意行业的动态和趋势。

再次，我们可以通过与用户的沟通，收集用户数据，建立属于自己的知识库。

④ 积累丰富的运营经验

经验能帮助我们少走弯路和错路，能让我们更快速地达到目的。想当一位合格的运营人，经验是必不可少的。例如，很多还没有参与过项目的运营新人不明白，为什么活动开发环节需要运营人员的参与，这难道不是程序员的事吗？其实不然，在活动开发环节，有经验的活动运营人员可以从方案、活动设置、沟通方式等方面提出建设性的意见，使开发和设计人员少走弯路，提升工作效率。所以，我们在平时的工作中一定要注意积累经验。

运营工作还有它的特殊性，就是工作繁杂、细节众多，而且很多事情没有样板可循，只能依靠运营人员的经验去判断。我们所说的经验并不是"照猫画虎"的拙劣模仿，而是要依靠自己的一套有效方法和逻辑去做出判断并采取行动。

一位有丰富经验的优秀运营人员，对任何公司来说都是一笔宝贵的财富。

运营工作的特点决定了，我们只能在磨炼和挫折中不断总结和积累经验。所以，我们在平时的工作中一定要多思考、多总结、多积累。除此之外，积累经验的方式还有很多，比如多参与活动、多分析同行业的活动、多和同行交流、多阅读等。丰富的经验能使我们从容应对职业生涯中的危机，即使到了新公司、新行业也能底气十足。

2.3 运营职业的整体发展路径

“生命周期”这个词每天都挂在我们运营人员嘴边，产品有“生命周期”，用户有“生命周期”，运营人员同样也有“生命周期”，它们共同构成了运营人员的职业发展路径。

无论是运营行业的“老兵”，还是刚刚入行的“新手”，一定都很想知道运营职业的整体发展路径是什么样的？目前自己处在哪个阶段，以后又该向哪个方向前进？本节将为大家详细介绍运营职业发展的五个阶段，如图 2-7 所示。

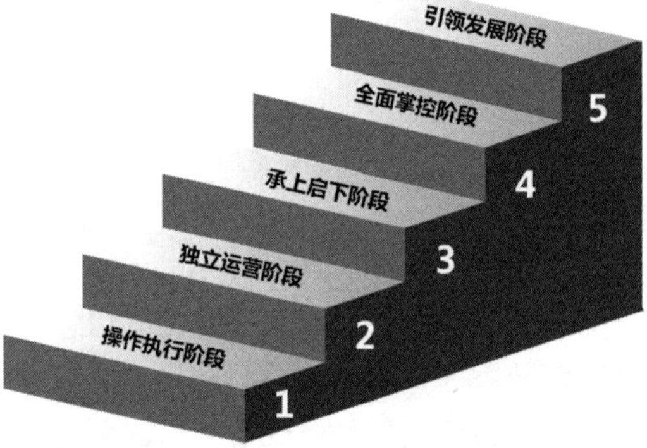

图 2-7 运营职业的整体发展路径

1. 第一阶段：操作执行阶段

运营级别：运营“新手”、新人、运营助理。

工作状态：被动接受工作任务，没有清晰的职业规划。

核心任务：建立对运营工作的感性认知，快速掌握各类运营工具，并在实践中加以运用。

处在这个阶段的基本上都是运营新人，要么是刚入行的应届毕业生，要么是从其他岗位转岗的“门外汉”。这些人或多或少都对运营工作有了一些基本认识，但缺乏相关技能和实战经验，还无法独立承担运营事务。

所以，这一阶段的运营新人的主要任务是配合运营专员或运营经理的工作，进行具体的实践操作。在这个过程中，运营新人们要熟悉大部分的运营工具，找到与用户打交道的感觉，初步建立起对运营工作的感性认知。

在这一阶段中，运营人员会接触到的具体事务有：社交传播、线上线下推广、用户沟通、内容编辑、数据统计及分析。具体内容如下文所述。

（1）社交传播

运营人员要深刻认识当下主流社交平台的特点，了解其适用场景、用户群体、内容特点、传播特征等。社交平台的用户人群在不同的时期会发生变化，运营人员一定要注意了解各大社交平台用户的动态。

（2）线上线下推广

运营人员要了解现在的主流的付费推广平台。例如，线上推广平台有自媒体、网盟、微博粉丝通、百度 SEO、腾讯广点通等；线下推广平台有地铁、高铁、机场、公交站台、框架广告、传统纸媒等。此外，运营人员还要了解各种媒体的受众群体特征，并能根据推广需要和预算选择合适的推广渠道。

不过，运营新人一般不负责付费推广的工作，一般只是从旁辅助。虽然不能直接负责项目，但是运营新人在参与项目的时候一定要珍惜机会、积极学习，主动研究每个渠道的特点以及它们的适用场景和优化策略。

（3）用户沟通

运营人员要通过管理员账号，在企业官方公众号、官方微博、微信、QQ、邮箱、电话中回复用户的咨询和疑问，并对用户意见进行记录和汇总。

（4）内容编辑

运营人员要对企业微信公众号的内容和企业在其他平台上发布的内容进行编辑，并回复后台消息，管理订阅用户。内容编辑工作要求运营人员熟练使用第三方编辑器、能快速查找相应的内容素材、能对资料进行归类整理和二次创作。同时，使用 Photoshop、Office 办公软件，制作 H5 页面等也是运营人员必须要掌握的基本技能。

（5）数据统计及分析

运营人员要理解各类运营数据的意义，比如日新增用户数、注册数、日/周/月活跃率、页面跳出率、留存率等，还要收集各个渠道中的用户数据，并简单分析数据背后的用户行为及其含义。

以上五项事务看似非常繁杂，有的运营新人也许会问：我真的能胜任这份工作吗？其实，运营新人们没有必要给自己太大的压力，在刚刚入行的阶段，只需要按照运营专员或运营经理的指示开展工作就可以了，还不需要独立策划和实施一整套运营工作。

在这里，我要对助理阶段的运营新人提出三点建议。

第一个建议：在工作中，切忌眼高手低或妄自菲薄，运营助理的工作看似单调，却是培养用户意识的最好机会。哪怕以后你升职成了运营总监、甚至 COO，也需要直接参与这些基础工作，否则就会失去对用户的感觉。

第二个建议：作为运营新人，要脚踏实地，同时也要仰望星空。俗话说“人无远虑，必有近忧”，如果只盯着眼前的琐事，不去动脑筋思考运营操作背后的意义和运营工作的内涵，就会让自己的发展道路停滞不前。新人阶段是职场上学习的“黄金期”，千万不要用“混日子”的态度浪费这段宝贵光阴。

第三个建议：互联网技术的发展可以说是日新月异，运营工具的更新换代也是非常快的。有些技术和工具今年还很流行，可能到了明年就会过时或被淘汰了。所以，运营人员一定要加快学习新工具的速度，并注意培养自己的运营逻辑。

运营新人应当积极接触各种类型的工作，无论是内容运营、用户运营，还是新媒体运营、活动运营，都应该主动参与。除此之外，运营新人也要多多关注和参与用户养成的各个环节，工作中学习的范围越广，成长的速度也就越快。

2. 第二阶段：独立运营阶段

运营级别：运营专员，在运营岗位上已经有 1～4 年的工作经验。

工作状态：这个级别的运营人员已经可以在上级的安排下，独立完成某个运营模块的整体运作了。

核心任务：独立负责某一运营模块的所有事务。

在此需要说明，虽然运营职业发展的五大阶段是相互独立的五个境界，但是在工作内容上它们却是相互交叉和渗透的。例如，一位运营专员能够独立负责公司的公众号运营，但是他依然要协助运营经理完成其他事务的执行操作，这在任何企业都是很常见的。

还有一些小的互联网企业，因为资金和规模的限制，不会经历本文所述的第一阶段，运营人员一上岗就是专员，就要负责整个模块的运营。这对运营新人来说更是一个挑战，在这种情况下，运营新人必须逼着自己成长。

当运营人员成长到了第二阶段，就代表他可以独立承担运营子模块的全程工作了。

以公众号运营为例，一位微信公众号运营专员的工作包括选题、内容收集编写、排版美化、推送文章、在后台回复用户、分析用户数据（阅读量、收藏量、分享量）、内容优化等。

再如，活动运营专员能够独立策划线上或线下小活动，而他要做的工作有：明确活动目标和活动受众、评估预算、选择合适的渠道、设计活动形式、测试活动流程、备案、活动预热和投放、活动持续监控、活动优化、活动总结等。

这个阶段的关键点是“独立”和“完整”，要求运营专员必须清楚地知道自己的工作目标和项目规定的量化指标，并独立完成工作。至于如何展开工作？需要哪些资源？该如何利用资源？这些问题都要靠自己去思考，而不是处处请示、事事汇报。

这个阶段的工作周期一般是用“天”或者“周”来计算的，所以，运营专员们一定要做到“今日事、今日毕”，每天对工作进行反馈和总结，并不断优化和调整。

如果你是一位运营专员，精通运营子模块，并且对上下游关联外延模块有了深入的理解，对运营工作有了独到的见解，并有能力通过简单尝试和数据反馈来验证自己的想法。那么，此时的你就可以进入运营职业发展的第三阶段了。

3. 第三阶段：承上启下阶段

运营级别：运营经理或运营主管，有着 5 年以上的工作经验。

工作状态：会半主动半被动地接受工作。

核心任务：理解运营战略，量化和传达运营目标，理解运营任务，协调运营资源。

这个阶段处于运营战略和运营执行两大境界之间，起着承上启下的关键作用，处于这个阶段的运营经理要直接为运营成效负责，还要做很多的外部沟通和协调工作。例如，对上级，要沟通运营战略目标，争取运营资源，确定运营工作的各项 KPI；对下级，要拆分和落实运营任务，并推动目标达成。

许多刚刚踏入这个阶段的人都会开始带领小团队，并参与到较大的运营领域。在工作上，可能会跨越好几个不同的用户养成阶段，例如，从用户认知到用户关注，再从用户关注到用户体验，最后付费转化。

举例而言，本人刚被任命为京东运营经理时，会从上级那里得到一个具体的运营目标，例如，品牌月曝光量达到 100 万、粉丝月新增量达 2 万等。上级只给出目标和预算，其他的事，包括选择什么曝光渠道，做什么活动，申请哪些资源协作等事务都要由自己来决定。

或者，如果我负责用户的拉新、促活和留存，那么我就要带领团队发掘潜在用户，在用户密度高的地方不断投放高价值、高吸引力的内容，以此吸引新用户。还要根据后台数据，对用户进行细分，实行精细化用户管理，以此提升用户留存率，实现从用户到客户的转化。此外，根据用户的反馈，我还要为产品的优化提供方向，为产品的更新迭代提供数据支撑。

处在这个阶段的运营人员，应该积极调整自己的工作状态，及时把被动工作变为主动工作。为此，还要培养以下三个方面的意识。

（1）运营组合拳的意识

运用孤立运营策略的结果，就是获得一堆空洞的数据，却没有取得真正的成效。例如，为了追求阅读量，有的运营经理不断增加热点，最终失去了自己的内容定位，导致订阅用户的数量和活跃度持续下降；为了拉新，有的运营经理只注重吸引新用户，却没有科学化的规划来引导新用户的途径，导致新用户不能实现转化，最后只有数据没有结果。因此，孤立的运营策略只能导致不专业和目光短浅的不合格结果。所以，运营经理一定要有运营组合拳的意识。

（2）运营策略的迭代意识

在运营职业发展的第三阶段，运营人员会强烈地意识到我们在第 1 章所提到的运营的“动态”属性。没有一成不变的好渠道，也没有永远不变的好策略，只有适合当前用户的渠道和策略才是最好的。针对一个目标用户，运营人员需要预先制定多种运营策略，并从中选择出最合适的那一个。因此，需要强调的是，“创新”和“变化”是优秀运营策略的共同特点。

（3）团队协作意识

第三阶段的运营人员还要有强烈的团队意识，要把团队效率最优化放在首位。千万不要为了节省时间而草率地交代运营任务，这样做虽然可以节约自己的时间，但是团队的工作效率却会受到影响。项目若因为运营任务执行不到位而推倒重来，反而会耽误更多时间。

第三阶段的工作周期是以“月”为单位的，在此期间，运营人员要及时调整和总结自己的工作。

如果你已经理解了数据目标与产品最终运营结果的关系，认识到了运营资源优化配置的重要性，而且还有效提升了跨部门沟通和协作的能力，那么，恭喜你，你已经可以迈入第四阶段了。

4．第四阶段：全面掌控阶段

运营级别：运营总监级别（也是目前我处在的级别），有着 10 年以上的工作经验。

工作状态：“全主动式”的工作。

核心任务：对运营资源进行取舍和调配，理解企业的大目标，并推动其实现。

那么这个阶段的运营总监的主要的工作内容又是什么呢？答案是“讨价还价”，跟 COO 讨价还价，跟老板讨价还价。而“讨价还价”的目的就是实现运营目标。

处于这个阶段的运营总监，必须对行业、产品和用户有一个非常清晰的认识。当然，除了了解企业外部情况，还要明确企业内部的产品定位、可调动资源和团队战斗力等。只有“知己知彼”才能准确地制定出公司的运营目标。

我一直在强调运营目标，为什么运营目标如此重要呢？这是因为，运营目标对运营团队而言，就像是黑暗中的指路明灯。如果没有科学合理的运营目标，运营团队在工作中就会找不到方向。如果运营目标定得太低，太容易达成，就不能充分挖掘团队潜力，不利于团队成长；如果运营目标定得太高，难以实现，也会打击团队的信心，让团队失去动力。

一般来说，一家企业的运营总监会监管整条产品线上的所有目标用户和用户养成的所有环节。与上级一起确定好具体的运营目标后，运营总监就要开始部署资源的分配和团队的搭配了。在这个过程中，资源如何组合发力？团队内部如何流畅衔接？运营管理机制如何建设？所有这些问题，都需要运营总监来考虑和解决。

在这个阶段，运营总监要面对的是整个“战场”，而不是某一城池的胜败得失，因此，我们必须要不断权衡运营资源的投入产出比。此时，运营总监的工作重心应该是督促运营经理们持续贯彻运营目标，同时观察各运营模块或各部门的协作是否顺畅，并随时为自己的团队提供专业上和资源上的支持。

如果某个运营模块的数据出现了停滞和倒退，运营总监就要协助相关负责人找出原因、解决问题。若问题出现在产品上，运营总监还要大力推动产品的优化和更新迭代。第四阶段的工作周期一般以“季度”或“半年”为单位，到了一定的时间节点，运营总监就要总结自己的工作成果，并规划好下个阶段的工作。

处于第四阶段的运营人员一定要有“肩负产品荣辱”的使命感，因为处于这个阶段的运营总监的工作决定了产品的命运。如果用户数据好，产品畅销，很大的功劳要归属于运营总监。这就是所谓的“运筹帷幄，决胜千里”。能做到这一步的运营人员，是非常优秀的。

不过，业界能在第四个阶段中做到“优秀”的人并不多，很多人都有一个“运营总监”的头衔，但他们的思维、眼界、学识和经验都尚且不足，缺乏互联网思维，意识还停留在传统的企业自组织形式中，这也是很多互联网公司创业失败的原因所在。

在传统企业中，“上下级”的等级思想根深蒂固，很多上级都认为自己只要能指挥下属工作就行了。可是，这一套管理模式在互联网商业环境中是行不通的，在残酷而激烈的竞争中，哪怕是上级也要有快速学习和快速成长的意识。如果你放弃了学习和成长，就离“下岗”不远了。

也许这看起来很残酷，但我却认为这是社会进步的表现，任何有“真材实料”的运营人员，都能在互联网商业环境中崭露头角，获得与自己的努力和才能相匹配的回报。

5. 第五阶段：引领发展阶段

运营级别：COO、CEO、VP 或合伙人、创始人、全栈运营人。

工作状态：“全主动式”的工作。

核心任务：理解互联网的本质、理解行业的本质、彻悟运营、领悟商业模式，并在此基础上确定业务大方向，设计新的商业模式。

运营职业发展的第五阶段是引领企业上升和发展的巅峰阶段，处于这一阶段的运营人员属于企业引领者，可带领企业发展和壮大。

处于第五阶段的运营人员，可以说已经达到了“万物皆剑，摘叶飞花”的境界，运营对他们来说已经不是“术”，而是“道”了。在我看来，达到这个境界的运营人员，已经不再受企业甚至行业的限制了。他们可以去创业做老板，也可以留在公司当 CEO（首席执行官）、VP（副总裁）或 COO（首席运营官），一切由他们自己的职业追求与规划做主。

如果说一个颇有天赋的人从第一阶段走到第四阶段需要 5 年，那么他从第四阶段跨越到第五阶段则至少需要 10 年。能达到第五阶段的人，本身就已经在互联网行业拥有一定的影响力了，而且也实现了更高的财务自由，所以，赚钱已经不再是他们的主要目标了。他们的目标应该更远大，有可能是“改变行业模式”，甚至是“改变世界规则”。

这样的人深谙人性，了解用户的深层需求，可以准确把握互联网的发展趋势，也能够据此判断哪些商业模式能够成功，哪些商业模式不能成功。他们可以一个人同时管理数条产品线，甚至数家公司的业务，他们的运营方法可以做到“羚羊挂角、信手拈来”，他们的每一次运营都可以成为整个行业的标杆。

在本节中，我简单介绍了运营职业发展的五大阶段，也算是为有志在运营这条职业道路上走下去的各位同人们画下了一幅蓝图。我希望这部分内容能为大家带来一些启示，无论大家此刻处在哪个阶段，都要保持身为运营人的那份“使命感”，并当时常鞭策自己，以在职业道路和人生道路上走得更远。

2.4　想去电商平台做运营，先了解一下运营工种

近些年来，电商持续火爆，如淘宝、天猫、当当、京东、亚马逊、美团等各大电商平台的竞争更是如火如荼，这让很多人都看到了机会。同时，互联网企业的运营工作大多数是围绕着电商在做的，所以本节我要专门讲解电商平台的运营工作。

在做电商运营之前，我们首先要了解一下什么是电商运营，电商平台的运营分工有哪些，以及应该如何入门。在本节中，我会和大家一起来探讨这三个问题。

1．电商运营的概念

关于电商运营，目前市面上有两种说法，即电商运营和电商平台运营。

电商运营是指运营人员在各大电商平台开店并展开运营，让店铺内售卖的货品和目标用户建立关系，并维护好客户关系，运营者本身就是店主。想要做好做大电商运营，他们就要精通从货品挑选到货品售卖的整个流程。这其中涉及的问题有卖什么？怎么卖？卖给谁？怎样选货源？怎样引流？怎样提高转化率？商品详情页要怎样写？等等。

电商平台运营主要是指运营人员帮助平台或商家与目标用户建立关系，并维护它们与目标用户的关系。下面，我们主要解析电商平台运营的职能。

2. 电商平台运营的基本职能

电商平台运营的职能主要分为两大类，第一大类是用户获取阶段的职能，第二大类是用户维系阶段的职能。在这两大类别下还有细分类别，如图 2-8 所示。

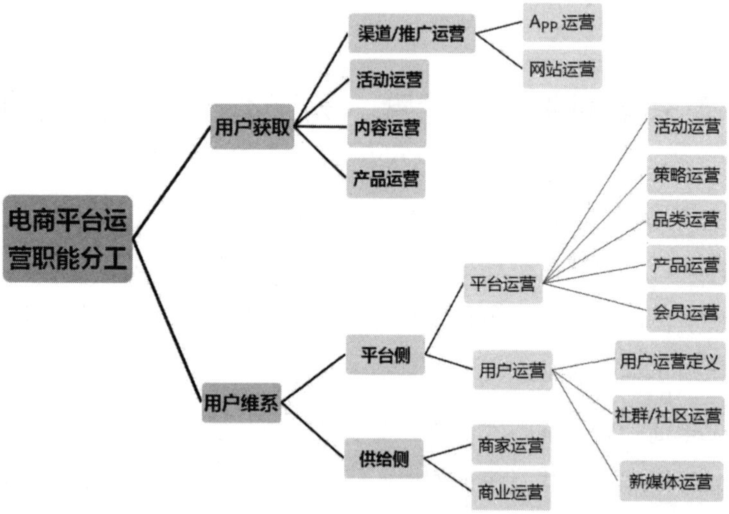

图 2-8　电商平台运营的职能分工

（1）用户获取阶段的职能分工

在用户获取阶段的运营链条中，职能可以细分为渠道/推广运营、活动运营、内容运营和产品运营。这个阶段的运营主要目的是获取更多新用户。

① 渠道/推广运营

渠道运营，又称为推广运营，它是运营中非常重要的一个环节，因为所有的运营工作都离不开用户的参与，而推广运营的任务就是实现用户参与。所以，推广运营既是职能又是工作指标，它可以贯穿到运营的每个环节之中。

推广运营如同市场营销，无论哪个环节都需要它，如果将企业运营岗位划分得比较细致，甚至可以在每个运营岗位中都加入推广运营的角色。

推广运营为运营活动找到合适的推广渠道，并根据运营需求对流量进行合理分配，保证运营活动达到预期的效果。这个职能分工涵盖的职位比较多，包括合作资源管理、市场资源对接、App 推广、换量等。

② 活动运营

活动运营是最常见的运营职能，只要是有一定规模的公司，都会把活动运营单独剥离出来。活动运营是指根据产品或业务线的目标，有计划地进行活动规划、创意产出、宣传推广等一系列工作，并根据活动的规模和难度，对项目流程和进度进行差异化管理，确保策划方案能落地执行，达到预期效果。

活动运营的难度会根据活动类型、创意、跨部门程度等维度的不同而发生变化。一般的小型线上或线下活动只需要 1 到 2 个有经验的活动运营人员即可，只要达成阶段性 KPI、提升业务数据即可。

而电商平台范围内的大型活动，如天猫“双 11”京东“618”（如图 2-9 所示）等，则需要很高的策划成本，只有专业的活动运营团队才能开展。而这类活动往往肩负着提升电商平台整体数据、进行阶段性品牌宣传的重任。

要做好活动运营，就需要有一定的基本功和较强的综合技能。策划一个好活动，对运营人员来说是一个很大的挑战。那么，线上活动和线下活动有什么区别？活动是如何策划和执行的？我将在第 6 章中对“活动运营”加以详细叙述。

图 2-9　京东“618”活动海报

③ 内容运营

随着互联网的发展，我们从流量时代走到了“内容经济”的时代，内容的重要性不言而喻。每个企业和每位运营人员都应该关注内容，无论你服务的产品是新闻社交类的，还是纯工具类（如图 2-10 所示）的，内容都扮演着非常重要的角色。

所以，内容运营也是非常重要的，它通过创造和加工，有计划地产出内容，并用多样的交互方式推广内容，增强用户体验，提升产品与用户之间的黏性，提高平台的活跃度。内容运营对产品功能端、媒体端口和活动端口起着巨大的支持作用。

图 2-10　纯工具类 App "有道词典" 中的内容

内容运营的岗位职责包括内容生产、内容加工、内容管理、互动制作、输出、效果监控等。在第 5 章中我们将会对 "内容运营" 的各个流程进行详细介绍。

④ 产品运营

说到产品运营，很多人都会把它等同于 "运营产品"，把内容生产、活动策划等事物都归到产品运营的范围内，有的公司甚至把整个部门都叫作产品运营。实际上，产品运营的概念并不十分清晰，目前也没有特别准确的定义，但是把它简单地理解为运营产品也是很不准确的。

那么，何为产品运营呢？一般来讲，产品运营是对接新产品和运营的一个中转站，它负责 App 产品在应用商城中的发布和更新、产品在更新迭代过程中的运营需求提出、产品资源位管理和产品运营功能的优化。

如今已经是移动互联网时代，产品的重心已经转移到了移动端，PC 端的电商功能也逐渐转移到了移动端。所以产品运营人员的一个重要工作就是协助产品在 iOS 和 Android 类应用商店中的上线、发布和更新。

所以，产品运营人员一定要熟悉各大应用市场的游戏规则和用户特点，在林立的电商应用市场和各大第三方平台中，根据产品的自身特点进行投放和维护。

另外，产品运营人员还肩负着收集用户需求、运营需求，推动产品优化的重任。在产品发展初期，会有很多次的内测，产品运营人员不但要收集目标用户的反馈，帮助用户提升产品体验，还要在端上的资源位运营情况稳定后，进行精细化管理。例如，对每个资源位的流量效果进行评估、对使用情况进行上下线审核，进行 Banner 和资源位的下放等。

相应地，App 应用市场产业链如图 2-11 所示。

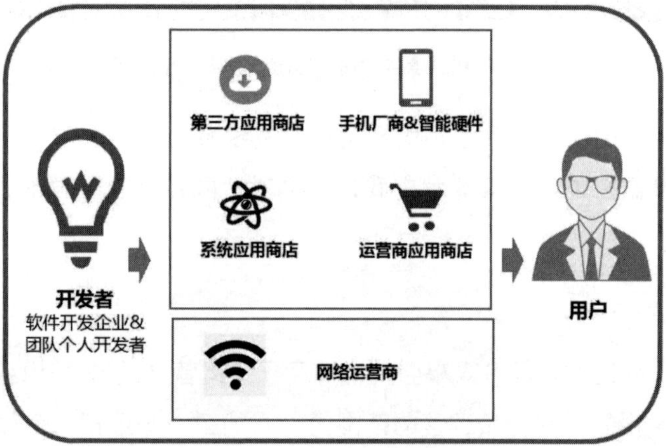

图 2-11 App 应用市场产业链

（2）用户维系阶段的职能分工

用户维系阶段的运营链条可分为平台侧和供给侧，平台侧的主要运营目标是平台的促活、留存、转化和召回，要保证平台上有足够多的优质用户。供给侧的主要运营目标是商家的促活、留存、转化和召回，要保证商家能为用户提供足够而且优质的供给。

① 平台侧的运营

平台侧运营可分为平台运营和用户运营。

平台运营包括活动运营、策略运营、品类运营、产品运营和会员运营，它们的职责如下所述。

活动运营：策划各种有针对性的活动，提升用户活跃度，实现付费转化等。

策略运营：根据平台的各项数据，运用不同策略对平台、用户、相应版块、项目、流程进行优化，提升流量分发、补贴分发等指标。

品类运营：根据用户画像，对平台品类进行合理规划，包括优化、迭代、制定商品招商规则、选品规则、展示规则等，对品类的商品量和成交额负责。

产品运营：改进产品，吸引用户，提升用户活跃度。

会员运营：基于相关数据和指标，建立并维护会员成长体系、会员积分体系、会员增值服务等，提升平台的会员量、留存量和付费会员量等指标，提升用户的转化率。

用户运营是指运营人员把提升用户的活跃度、留存率和促进用户付费作为主要目标，根据用户需求制定运营方案或者运营机制。它可以分为新媒体运营和社群/社区运营，它们的职责如下所述。

新媒体运营：负责运营官方微博、微信、微信公众号、头条号、QQ 等新媒体平台，提升用户的转化率及付费体验。

社群/社区运营：负责建立社群，并对其进行统筹规划，提升社群或社区的活跃度。

② 供给侧的运营

供给侧的运营分为商家运营和商业运营，在有些业务划分不太细的公司中，这两项业务会合并开展，由一个团队负责，两者的职责如下所述。

商家运营：对商家的店铺页面优化、货品甄选、货品上架、活动参与等流程进行指导，帮助商家提升营业额。

商业运营：根据商家的预算和预期收益，指导商家在平台上进行广告投放，并根据转化效果调整策略。

以上这些分工都是职能分工而非岗位分工，每家企业、每个产品项目都有不同的运营构架，具体的运营岗位也会根据实际情况来设置。无论怎样设置岗位，最关键的一点是要让每个岗位各司其职，将职能边界划分清晰。

3. 电商运营的入门

了解了电商运营的概念和电商平台运营的基本职能以后，我们一起来解析电商运营到底该怎样入门。我根据自己在亚马逊和京东的从业经验，总结了电商运营入门的三个步骤，如图 2-12 所示。

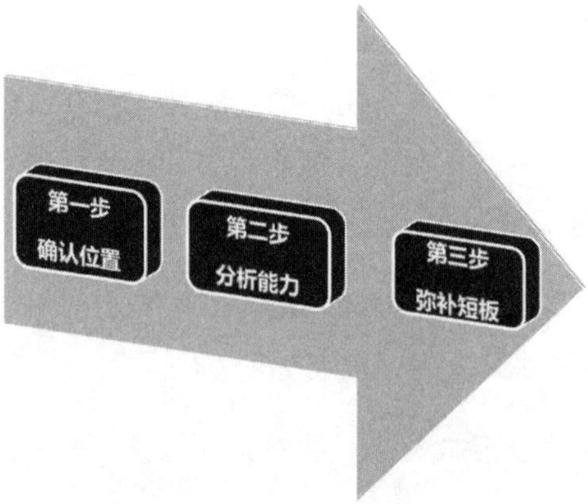

图 2-12 电商运营入门的三个步骤

（1）确认自己所处的位置

不同公司对运营岗位的设置不同，相应的岗位职责也是不同的，所以，我们走上电商运营岗位后的第一件事就是要明确自己当前所处的位置和对应的职责。

具体而言，我们要了解自己处在哪个链条上？对什么指标负责？工作内容有哪些？如果是刚刚入行的伙伴，还要分析自己更喜欢哪个工种？擅长做什么？在哪个链条上更有发展前景？等等。

（2）分析自己的能力

在职责明确后，我们还要问问自己：我会什么？我们需要对自己的能力做一个全面的分析，找出自己的长处和短板，并列出明细。例如，全面分析自己的文案标题吸引力够不够，自己的公众号文章数据好不好，等等。

（3）弥补自己的短板

入行时间不长的运营人员要重点弥补自己的短板，因为短板会让你失去不少工作机会，对你的前途不利。资深运营人员则要持续提升自己的能力，重点突出一两个强项，依靠强项让自己立足更稳。所以，运营人员要不断学习新知识，不要让自己被固化的思维所限制。

在电商平台从事运营工作，我们需要掌握不少的专业技能和业务技能，而且还要及时更新技能，否则就不能胜任这份工作。想要做好电商运营，就要抱着终身学习的态度，如果不能坚持不懈地学习，就永远只能停留在低端水平，不能成为运营专家。学习，应该贯穿于我们职业生涯的始终。

第 2 篇

运营工作开始后，
知道具体怎么做互联网运营

第 3 章

数字化用户运营：如何从 0 到 1，利用数字做用户运营

互联网运营，得用户者得天下。谁能了解用户、俘获用户，谁就能傲视群雄。数字化时代，用户运营要打破传统的“套路运营法”，要注重利用数字做用户运营。所谓数字化用户运营，是利用传统用户运营的思路，结合数字分析的思想，用业务指导数字，用数字驱动业务，实现用户的识别、洞察、连接和转化。

3.1 找——识别：建立用户画像

运营人员入职一家公司后的第 1 周，最重要的工作就是建立用户画像。用户画像是开展运营工作的基础，建立用户画像的目的是确认自己的产品要卖给谁，并为目标用户建立模型。例如，一家卖酒的公司向小学生推销自己的产品，结果当然是卖不出去，可见用户画像对于运营的重要性。

用户画像就是把用户划分成不同类别，并根据某种共性把一类用户概括成一个角色。用户的角色类似于电影中的角色，都是虚拟的、集中了某个特征的代表性人物，他们代表的往往是一个特定的群体。

在现实生活中，用户是大量混杂在一起的，所以我们要将他们按角色进行分类，并以此来确定用户偏好和适合用户的产品使用场景，这就是建立用户画像的重要意义。

1．什么是数字化用户画像

想要运用好用户画像，首先要深入了解它。

互联网技术的飞速发展，掀起了内容传播的革命，现在，网络已经成了企业和消费者进行沟通的重要渠道，而移动互联网的发展则让企业和用户的互动变得更加便捷和频繁，这样的互动产生了海量的数据。因此，在这样的数字化大环境下，如何准确快速地识别用户，便成了运营人员在运营过程中面临的关键挑战。

在数字化大环境下，用户画像变得尤为重要。在企业和消费者的互动中，消费者已经掌握了主动权。有了移动应用、互联网工具和其他数字化渠道作为交互的媒介，企业和消费者之间的人际接触变得越来越少。在无法与消费者本人近距离接触的情况下，我们就要借助准确的用户画像来识别用户通过数字化渠道和产品或企业产生的接触行为及行为背后的需求，并根据用户画像优化互动策略。

不难发现，数字化用户画像可以帮助我们更好地理解目标用户的行为和需求，并准确定位用户的形象和特征。

（1）数字化用户画像的特点和定义

数字化时代的用户画像具有以下特点。

- 用虚构的用户形象来代表理想的典型用户。
- 用户画像是在市场调研和已有用户真实行为的数据基础上建立起来的。建立用户画像时，我们通常会使用小组讨论或召开专题工作论坛的方式，与用户直接沟通，进行数据收集。
- 一个产品也会形成若干个不同的用户画像，每个用户画像都分别代表了不同类型的用户。

- 用户画像详细描绘了用户的动机、目标、习惯、喜好等特征，例如，用户喜欢去哪里购物、用户愿意把时间花在哪里、用户喜欢哪种渠道等。除了描述用户特征，用户画像还可以表述用户的真正需求，如图 3-1 所示。

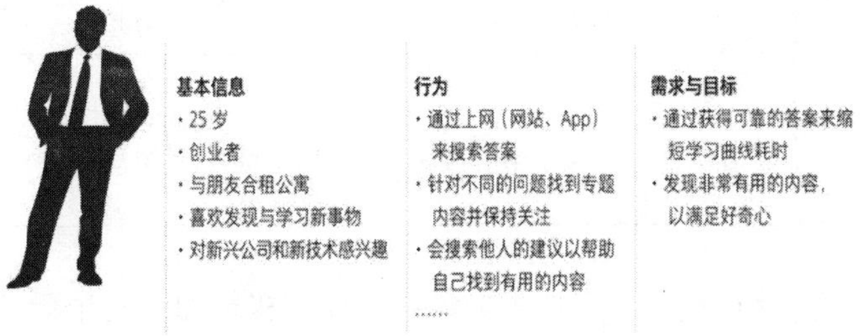

图 3-1　用户画像所包含的基本信息

基于以上的这些特点，我们可以给数字化时代的“用户画像”下一个这样的定义：数字化的用户画像是指用数字化技术表述用户的各种特征，以及这种特征在特定时间和场景中的集合。运营人员可根据用户画像精准定位目标用户，并以此为依据设计运营战略。

（2）数字化用户画像的作用

数字化用户画像与传统用户画像有很大的区别，海量数据支持下的用户画像可以让我们不再局限于追求行为背后的原因，而是回归到行为本身。大数据使预测用户行为成为可能，可以使潜在用户顺利转化为真正的用户，这也是大数据带给运营职业的“福利”。通过表 3-1 我们可以更详细地看到传统用户画像和数字化用户画像的区别。

表 3-1　传统用户画像和数字化用户画像的区别

类　别	传统用户画像	数字化用户画像
画像性质	抽象后的用户典型特征描述	真实用户的全貌展现
数据量	随机采样，数据量有限	多方面收集的全样本数据

续表

类　别	传统用户画像	数字化用户画像
数据来源	相对局限，以采样数据、经营数据、市场调查数据为主	来源广泛，除了传统数据来源，还包括用户的网络行为数据、第三方大数据
采集方式	与用户直接接触，以抽样调研为主	可以不与用户直接接触
重点展示内容	描述用户动机	展示用户行为
静态与动态	静态	动态、实时
功用侧重点	涉及沟通内容、提升用户体验	确定目标群体、预测营销结果

基于这样的区别，数字化用户画像能帮助我们实现如下几个运营目标：定位目标市场、设计创新产品、优化营销策略、提供个性化服务。

数字化用户画像还可以为我们解答下列问题。

用户是些什么人？

用户经常出现在哪里？

用户有哪些需求？

用户有什么消费偏好？

用户已经拥有哪些产品？

用户如何进行消费决策？

用户对品牌是什么态度？

在实际运营工作中，产品的目标用户的数量越庞大，用户群体的构成就会越复杂，用户的行为也会更加多种多样。因此，如果没有大量的数据支撑，上述这些问题就很难解答。不过，不用担心，数字化用户画像可以帮助我们。

接下来我们就来看看，数字化用户画像是怎样建立起来的。

2．数字化用户画像的形成过程

目前，很多互联网企业都在开发数字化用户画像技术，各种方法不尽相同，但是大致上可以分为以下四个步骤，如图 3-2 所示。

图 3-2　用户画像生成过程

（1）找到数据来源，采集数据

结合企业的战略目标和业务目标，找到合适的数据来源，并进行数据采集。数据来源可以是 CRM 数据和商业数据，也可以是第三方数据。

（2）深度挖掘数据

在数据采集的基础上，企业还需深度挖掘数据，而数据挖掘需要经过以下四个过程。

① 数据清洗：去掉不完整的、重复的和错误的信息。

② 用户识别：确保用户的唯一性，可以识别用户身份的数据类型包括人口统计身份识别、设备身份识别和数字身份识别，如图 3-3 所示。

图 3-3　三类用户身份识别

从图中我们可以看到，每个用户在现实生活中都有多个身份标识，包括身份证号、手机号、车牌号等。用户也可能有若干台设备，所以他也会有多个设备身份，包括 PC 端的 IP 地址、移动端的 UDID/IDFA(iOS)和 Device ID/Ad-ID (Android)。

同时，用户还会在网络上创建不同的账号，比如新浪微博账号、QQ 号、微信号、论坛账号、邮箱账号等。要辨识出这么多身份是否属于同一个用户，就要将这些身份进行“归户”。用户识别是数据挖掘中非常重要而且基础的一步，它决定了用户画像的准确度。只有准确识别用户身份，才能实现有针对性的个性化营销。

③ 数据分类：这是对有效数据的第一层分类，数据可以分为静态数据（事实性数据）和动态数据（行为数据），这是目前比较常见的一种分类方式，如图 3-4 所示。动态数据反映的是用户的行为，比如用户 B 在某一时间段浏览了某网页，并购买了某商品。静态数据展现的是用户的人口属性和商业属性等特征，比如用户 A 喜欢喝某品牌的咖啡。

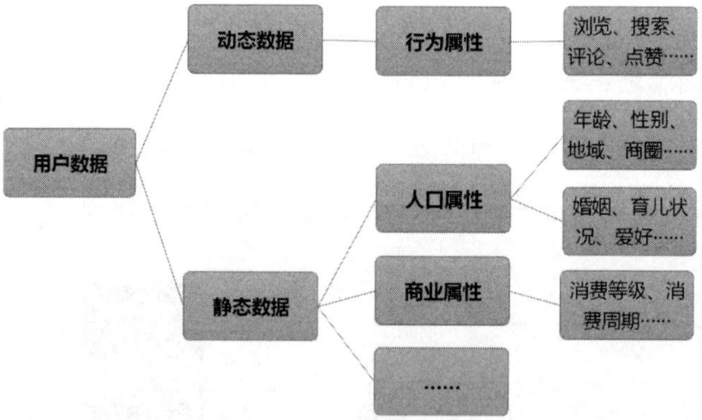

图 3-4　用户动态数据和静态数据示意图

④ 建立标签和权重体系：建立标签就是给用户打标签，具体来说就是对人、物、事或场景进行分类，并提炼和总结其中的特征。打标签是实现精准运营和个性化营销的重要前提，能帮我们更好地理解和洞察用户的需

求和行为。

标签化主要依靠信息技术来自动识别和提炼各种对象的特征。标签体系的建立，可以让繁杂的数据变成可供我们利用的信息，我们的运营方案也要根据标签体系来策划和实施。

权重是对程度和概率的量化，它可以表示用户产生某种行为的概率以及用户的需求和偏好程度。同样的行为发生在不同的时间和地点，最后产生的权重有可能不同，用户针对同一事件或同一产品的不同反应，也会产生不同的权重。

（3）分析数据，为用户建模

分析建模即分析数据，为用户建模。分析数据指采用聚类和逻辑回归、关联规则等方法，对各类数据进行分析，发现它们之间的相关性。例如，通过分析发现顾客 A 经常在某网站购买化妆品，那么该顾客下次要买化妆品的时候，有 90%的可能性会在同一个网站购买。一个用户的数据会产生若干个相关性规则，那么对大数据进行分析后，我们会发现成千上万个相关性规则。

为用户建模，就是根据用户的行为特征构建相应的数据模型。例如，某电商平台通过建模可以得知某个用户在什么时间、什么网站发生了什么样的网络行为。

（4）验证数据并建立画像

这一步要对挖掘到的相关性规则和构建的相关数据模型进行验证，以保证分析结果的准确性。只有经过验证的数据模型和相关性规则才能对运营结果进行正确预测。例如，经过数据分析发现用户 C 在过去 3 年中，每逢周末外出用餐，有 80%的时间都选择了某家价格比较贵的餐厅。对于这样的结果，我们必须要去验证它并不是偶然。验证的方法有很多种，在此我就不一一列举了。

经过验证后，我们将那些偶然的相关性规则和不准确的数据模型剔除，然后用剩下的正确的相关性规则和数据模型建立准确的用户画像。此时，企业就可以为目标用户打上各种标签，并深入了解每个标签所代表的用户，根据他们的渠道偏好和消费偏好制定相应的运营决策。

从以上的四个步骤中我们可以看出，用户画像的形成过程就是将海量的碎片化数据进行整合的过程，通过这种整合，能还原出最真实的用户信息。比起凭经验判断来了解用户，通过数字化用户画像得出的结果要准确得多，所以我们说，用户画像是运营决策的重要依据。

3. 收集数据的方法

建立用户画像的基础是收集数据，这项工作是重中之重，在此我要加以重点讲解。在收集数据的时候，我们要遵循一定的原则，要与经营目标和资源情况相适应，要考虑到我们需要多少数据、数据从何处来、收集数据的成本和难易程度，以及收集数据的频率、处理数据的成本、数据的存储方式和安全策略等。

（1）收集数据的几大要点

我们在收集数据时，要注意以下几个要点。

① 采集频率：在实际操作中，不同的数据更新频率和数据采集频率会对系统的设计、运行和维护产生很大影响，采集频率对数据收集成本影响也比较大，运营人员应根据实际情况调整采集频率。

② 溯源性：运营人员要判断是否需要记录和跟踪数据产生的过程，是否需要将用户信息与用户的线下消费行为进行整合。

③ 分析目标：运营人员在收集数据时要注意结合分析目标，比如在分析预测用户的价值潜力时，就需要收集用户购买的产品种类、购买频率、每次支付的金额和地理位置等相关数据。

④ 精确性：收集数据还要注意其精确性，不过，有时候不一定需要量

化的精确数字，定性的准确就已经可以满足分析目标。例如，想知道用户的收入水平，并不需要精确到每个用户的准确收入，可以通过其他可替代的信息来知晓用户的收入水平。

⑤ 存储策略：数据的存储策略会影响数据收集的成本和效果，所以运营人员在收集数据的过程中一定要采用适当的存储方式和安全防护措施。

⑥ 可执行性：数据收集应该是可执行、可操作的。例如，购物网站可以通过跟踪用户的浏览点击记录来收集用户偏好的商品类型。

⑦ 可获得性：数据应该是易于收集并适合进行分析的。有些以产品为导向的企业，会按产品设置的不同把数据分散在不同系统中，使数据无法获得有效利用。还有的企业，部门各自为政，也导致了数据分散，使数据难以被利用。

（2）收集数据的主要渠道

如今，人们可使用的数字化工具和设备越来越多，企业与用户之间接触的渠道也越来越广，可供收集的用户信息，以及收集信息的渠道也越来越多，用户画像数据收集的主要渠道如图 3-5 所示。

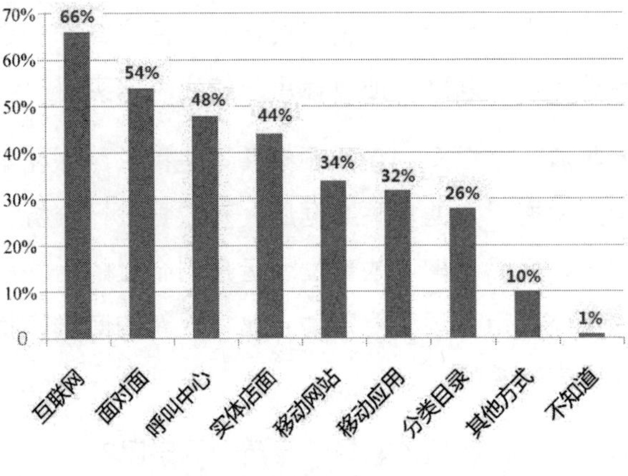

图 3-5　用户画像数据收集的主要渠道

据统计，平均每个企业都会通过三个左右的渠道来收集各种用户信息，而互联网由于具有便利性和成本低的特点，已经成为最普遍的数据收集渠道。排在第二位的是通过面对面接触收集数据，第三位则是通过呼叫中心收集数据。

在众多数据收集渠道中，移动应用是增长速度最快的渠道之一，越来越多的企业和组织都增加了对移动端数据的关注和投入，这都得益于移动终端的普及和移动互联网技术的发展。

优秀的用户画像系统，既是一个数据生态体系，也是一个业务和运营生态体系。用户画像是一个十分复杂的交叉领域，还涉及数据产品和算法等内容，因为篇幅有限，这里我只提及了它的核心思想和它与运营工作相关的重点，希望大家能够充分理解和运用。

3.2 来——洞察：预测用户行为

无论做什么事，我们都要把握事件当前所处的发展阶段，只有这样才能正确地采取行动。在上一节中，我们已经建立了用户画像，锁定了目标用户，接下来就要进行用户洞察，把目标用户转变为忠实用户。

首先，我们要厘清一个概念，用户洞察并不是指只熟悉和了解用户本人，而是指你在全面掌握用户的相关数据后，对数据进行分析，发现用户的隐形需求和新需求，最后再把这些新发现运用到企业的运营事务中去，制定出对应的运营策略。用户洞察能帮助企业发现新的商机，找到新的战略目标，帮助企业提高运营的成效。

那么，在实际工作中，我们该怎样进行用户洞察呢？

1. 用户洞察的关键要素

在进行用户洞察之前，我们需要了解用户洞察的关键要素有哪些。首先，我们需要明确运营人员必须留意的用户信息，如图 3-6 所示。

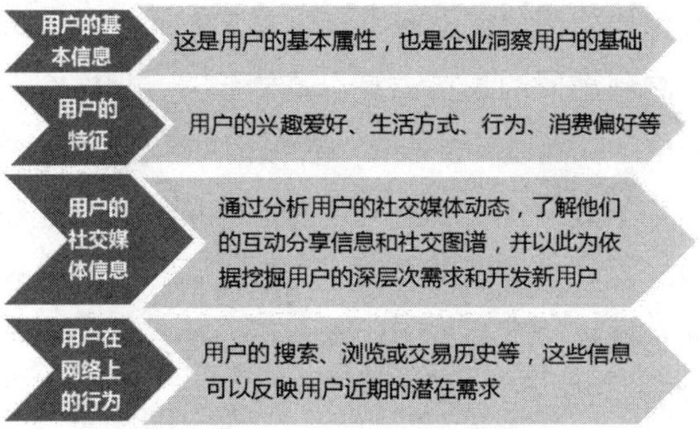

图 3-6　运营人员必须留意的用户信息

图 3-6 中的这些信息，是运营人员在进行用户洞察时必须关注的。那么，我们应该如何去关注这些信息呢?

在这里，我为大家提供一个基本的关注角度：从数字化用户生命周期的角度进行用户洞察。

目前，“数字化用户生命周期”这一概念并没有一个明确的定义，结合各方面的信息和以往的从业经验，我对它做了一个归纳，一个完整的“数字化用户生命周期”应该包含以下几个阶段，如图 3-7 所示。

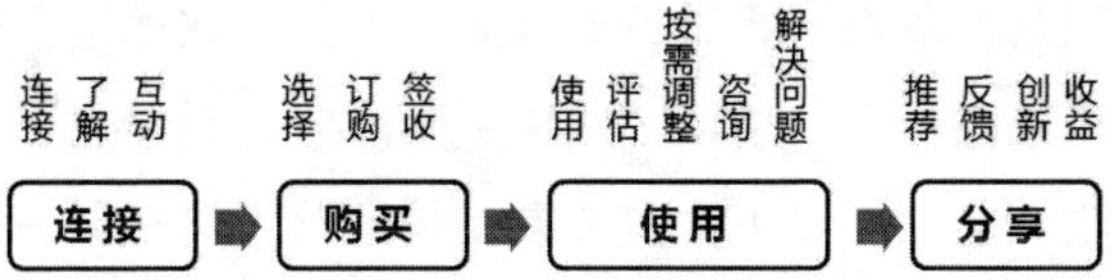

图 3-7　数字化用户生命周期示意图

从图 3-7 中我们可以看到，企业和用户间的互动是从连接阶段开始的，在整个过程中，企业都不断地与用户发生互动。所以，运营人员只有搞清楚用户的需求，才能做出正确的运营决策，让企业和用户开展有效的互动。

在每个阶段，都有需要重点关注的要素，这些要素是我们进行用户洞察的关键。

（1）连接阶段

这个阶段又叫作购买前的酝酿阶段，用户在此期间获得的关于产品的一切信息都会影响到后面的消费决策。具体而言，现在企业与用户的接触途径非常多，用户可以通过社交媒体、视频网站、游戏、街头数字化广告、各种移动终端、可穿戴设备、智能家居等途径接触到企业和产品。当他们对产品产生兴趣时，就会主动搜索该产品的信息，如果得到的信息恰好满足预期，用户就会顺理成章地进入购买阶段。如果他们对产品不感兴趣，那么“用户生命周期”就会中断。

在这个阶段中，用户会表现出自己对产品的看法和态度，运营人员要着重分析以下要素。

- 用户对产品的关注点，如产品的外观、功能、价格等。
- 用户获得产品信息的渠道，如官网、移动应用、新媒体等。
- 用户选择的互动方式，如阅读、转发、点赞、线上活动等。
- 用户本人的特征，如人口特征、生活方式、行为特征等。

（2）购买阶段

用户的购买阶段包括了选择、购买和签收三个环节。在选择环节中，用户会把产品和竞品放在一起进行比较分析，用户在做选择时主要依赖的是在连接阶段获取的信息。所以，在购买阶段中，我们应当把洞察的重心放在购买和签收环节上。以下这些要素，是运营人员在用户购买阶段需要重点关注的。

- 用户的购买方式，如团购、网购、单品/多品消费等。
- 用户的购买渠道，如电商、微商、线下专卖店、线下商场和超市等。
- 用户选择的品牌，如国际品牌、国内品牌，品牌的风格和档次等。

- 用户的消费水平，如成交价格、价格预期等。
- 用户是否关注优惠活动，以及用户选择的优惠类型，如秒杀、赠券、满减等。
- 用户感兴趣的推广方式，如社交媒体推广、电视广告、纸媒广告等。
- 用户的支付方式，如在线支付、货到付款等。
- 用户的签收方式，如自取、送货上门、快递等，以及用户对收货地点的偏好。

（3）使用阶段

在了解和购买完产品后，用户会进入使用阶段。在这个阶段中，用户洞察的信息来源主要是用户的咨询和投诉记录，以及售后反馈、用户在社交媒体上的分享和互动信息、网络上的用户评论等。

在这个阶段，运营人员要关注的要素有以下几点。

- 用户对产品的喜好程度和喜好原因：如产品的功能、外观、价格、售后服务等。
- 用户的产品使用偏好：如用户使用产品的时段、频率、场景和对产品的个性化设置等。
- 用户的咨询：如用户对使用方法的咨询或对使用过程中出现的各种问题的反映等。
- 用户的投诉：如用户对产品和服务的投诉、未解决问题引起的投诉、投诉处理是否及时等。
- 用户对售后服务的满意程度：如上门服务、在线服务、返厂更换服务、专卖店维修服务等。

（4）分享阶段

最后一个阶段是分享阶段，用户会表达自己在前三个阶段中获得的感受，包括对产品和服务的满意程度、对产品使用的体会、对售后的满意程度、对产品和品牌的印象等。通过洞察这些要素可以帮助企业优化自己的产品和服务。

总之，运营人员要重视“数字化用户生命周期”的每一个阶段，要抓住每个阶段的关键性要素，对用户进行深刻的洞察。只有这样企业才能掌握用户真正的需求，为用户提供最合适的产品和服务。

2. 实施用户洞察的具体步骤

通过上文的内容，相信大家已经明确了用户洞察的基本要素和关注角度，下文介绍的是实施用户洞察的具体步骤。我把用户洞察分为了六大步骤，如图 3-8 所示。

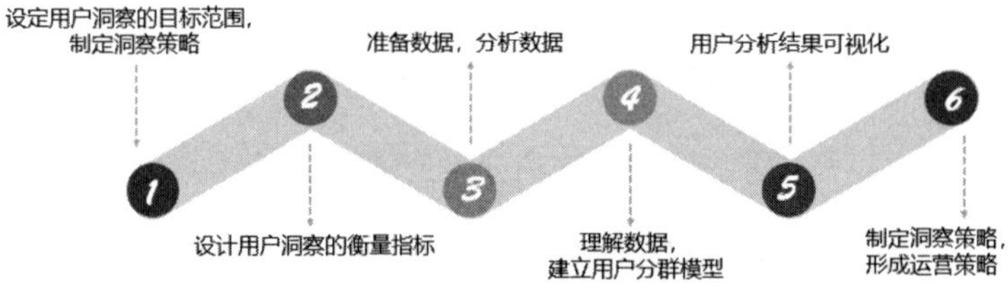

图 3-8 用户洞察的六大步骤

（1）设定用户洞察的目标范围，制定洞察策略

用户洞察的第一步，即设定用户洞察的目标范围，制定洞察策略。设定目标范围，是为了帮助企业聚焦目标数据，提高工作效率和分析结果的准确率；制定洞察策略，就是按“数字化用户生命周期”进行洞察，前文已经解读，在此不再单独介绍了。

（2）设计用户洞察的衡量指标

描述用户特征的数据量是十分庞大的，所以，我们必须在实际操作之前，对数据进行梳理，并设计出衡量指标，只有这样才能更准确地分析用户数据。

运营人员在设计用户洞察的衡量指标时，一定要把用户属性和业务属性结合起来，衡量指标必须包括用户主要类型和业务场景两个维度。这里所说的业务场景可以是产品的生命周期、产品的组合，也可以是服务的过程或服务的生命周期。

（3）准备数据，分析数据

设计好了用户洞察的衡量指标，就要进行数据准备了。可供分析的有效数据包括原始数据的记录和提取、数据清洗、有效性验证、排错排重和归并五个步骤。

值得注意的是，数据准备是一项耗时又费力的工作，运营人员要善于使用工具以有效减少数据的差错，提升分析结果的准确性，提高工作效率。数据准备可以用到的工具有自动化数据处理工具和数据管理软件等。

（4）理解数据，建立用户分群模型

运营人员在分析数据前后应该确保对数据有一个全面的理解，明确数据的分布特性、可追溯性和质量等。理解数据不仅能及时发现数据中的异常，还能对后期的数据建模提供帮助。

充分理解数据之后，就可以开始建立用户分群模型了，这里需要用到数据分析工具和模型算法。通常情况下，用户分群的结果取决于数据和算法，如果想要找到更具商业价值的细分市场，就要学习和测试不同的模型变量组合。

（5）用户分析结果可视化

对用户分析的结果进行展示也是必不可少的步骤，这样做的目的有两个，第一是回顾和检查用户洞察的过程是否正确和完整；第二是展示用户分析过程中的重要发现，为企业的后续运营策略提供参考。

运营人员可以利用可视化工具对用户分析的结果进行展示，例如，把用户浏览网页时的页面点击分布、文本信息分析、社交关系联结、地理位置等数据特征和它们的变化趋势展示出来，帮助其他工作人员更直观和快速地理解用户分析的结果。

（6）制定洞察策略，形成运营策略

用户洞察的最后一步是根据分析结果识别不同的用户群体，并结合人口属性、流失倾向、潜在风险、交叉产品使用情况等变量，为目标用户群体制定详细的洞察策略，再根据洞察策略调整或转变企业的运营策略。

完成以上六步后，用户洞察的具体步骤就完成了，运营人员接下来的任务，就是要在实际操作中使制定好的策略落地执行。

最后，需要强调的是，用户在选择我们的时候，我们同样也在选择用户。这里所说的用户是一类需求的集合体，而不是某个具体的人。一个人有很多需求，我们的产品只能满足其中的一部分，当需求与产品相匹配时，他才是我们的用户，但需求与产品不匹配时，他自然就不是我们的用户了。

所以，我们应该选择与产品目标用户相符的用户群体，特别是现在渠道数据作弊的现象十分严重，作为运营人员的我们一定要把好渠道数据的关。

3.3 去——互动：创造用户信任

为了帮助企业更好地生存下去，一位优秀的互联网运营人员必须时刻关注用户的数字化旅程，深刻地理解用户的真实需求，并不断优化与用户的互动策略。

有的人一定会说：现在是个一切以用户为中心的时代，每个企业、每位运营人员最关注的不就是用户吗？从表面上来看，确实是这样，很多企业和运营人员都在喊着“以客户为中心”的口号，但是从实际情况来看，真正做到的却很少。

有的企业在给用户发推送的时候，总是反复推送用户已经购买过的产品；还有些购物网站或社交媒体总是向用户推荐他们不感兴趣的产品。如果你是用户，你在反复接收到这样的信息后，会有什么感受呢？说不定会感到被骚扰而对这些产品和企业产生反感。所以，不好的用户互动会给产品和品牌带来不利影响。

“企业与用户之间的互动”，绝不仅仅是用户购买或使用企业的产品这么简单，它包含了企业与用户之间从咨询、销售、购买，到售后服务的所有接触点。在这个过程中，企业必须正确使用互动策略，以真正把握用户的真实需求，继而利用良好的互动体验，给用户带来好的感受，最终赢得用户的信任和好感。

基于大量成功的运营案例，并结合自己的多年从业经验，我总结出了企业与用户互动的六大策略，如下文所述。

1. 转变用户的状态

如果我们把用户资源看成是一个水池，新用户就是源头，他们会不断地为水池补充新资源；而不活跃的用户就是逐渐流失的水，不过他们仍然有被重新激活、再次流入水池的可能；偶尔购买我们的产品的用户就像落入水池中的小雨滴，数量虽少，但聊胜于无。

这个名为“用户资源”的水池中，有进也有出，但始终有一部分水被保留在水池中，这就是活跃用户。活跃用户的数量越多，水池里的水位就越高，活跃用户减少，水池就会逐渐枯竭。

想要保持活跃用户数的增长，运营人员就要积极与用户互动，来转变用户状态，以不断获得新用户，同时减少活跃用户的流失，尽可能多地激活不活跃的用户。在实际操作中，我建议从以下几个方面入手。

（1）优化产品与服务，吸引更多新用户

要维持活跃用户的数量，关键在于让同期新增用户和流失用户的数量保持一致，如果要实现增长的话，同期新增用户的数量就要超过流失用户的数量。还有一种情况是，新用户价值较高，流失用户价值较低，那么即便流失用户数量与新增用户数量相同，用户的整体价值也能有所增长，所以我们要尽可能地优化产品与服务以获得更多高价值的新用户。

（2）刺激不活跃用户，防止流失

当用户已经流失时再去挽回就已经晚了，在互联网的世界中，用户一旦消失，我们就很难再把他们找回来。企业必须做到防患于未然，应该时刻观察用户的状态，分析他们是否活跃，并通过大数据提前预测出可能流失的用户，以及时地采取干预措施。

在互联网运营中，一个季度的活跃率变化趋势是判断用户是否会流失的关键指标之一，而月度活跃率则是衡量用户活跃度的重要指标之一，运营人员必须关注这些趋势和数据，并策划相应的活动，来持续激活不活跃用户，防止用户流失。

（3）采取新措施，唤醒沉默用户

经济学家研究发现，获取一位新用户的运营成本是激活一位老用户的运营成本的 10 倍。所以，策划并实施一些有针对性的线上线下活动来刺激那些“沉默”的用户，使他们再次付费购买产品，不仅可以增加活跃用户的数量，还能为企业节约成本。

2．选择适当的用户互动模式

通常，互联网企业会更偏向于和那些高价值的用户接触，而与那些低价值的用户的接触则比较少，有时候干脆由他们自主完成购物行为。我们可以按照接触频率把用户互动模式分为高频接触、低频接触和技术接触。在实际操作中，运营人员可以根据用户的类型和企业的实际情况来制定合适的互动策略。

（1）高频接触

高频接触互动模式的成本比较高，运营人员要根据用户的价值和购买力来决定是否采取这种互动模式。

高频接触互动模式一般用于管理和维护重要的商业关系，适用于大型商业客户或者特别重要的 VIP 用户。如果遇到一些特殊的突发事件，例如，产品发生了故障时、用户要求售后服务时、遇到用户投诉时、企业应对危机时，或者发生伤害商业关系的敏感事件时，运营人员也有必要采取高频接触互动模式。当我们采取高频接触互动模式时，一定要考虑到成本问题，要保持投入和产出的平衡。

（2）低频接触

低频接触互动模式主要以自助服务为主，电话沟通和面对面接触为辅，一般适用于传统型企业和用户数量庞大且价值普遍不高的零售企业。这些企业必须采取低频接触的互动模式，才能实现收益的最大化。

（3）技术接触

技术接触互动模式是指以互联网技术为支撑的接触方式，这是最复杂，也是目前使用最广泛、最有可能实现规模化应用的互动接触模式。随着互联网技术的不断进步，互联网企业与用户接触变得越来越便利，与用户互动的门槛和销售成本也随之降低。对于很多 B2C 互联网企业来说，技术接触互动模式是唯一可行的用户互动策略。

技术接触互动模式是否能达到良好的成效关键在于接触的时间、方式和内容是否精准。例如，一条关于产品的微博的推送除了要考虑到内容外，还要考虑到用户接收时间、接收方式和接收场景等因素。

现在可以完善技术接触互动模式的数据分析技术已经越来越成熟了，我们前面提到的用户画像和用户洞察就是其中之一，它们经常被用于提高技术接触的成功率和准确性。

3. 提高用户的价值

一个产品的用户是很多的，每个用户所处的“生命周期”也不尽相同。

有的用户是第一次购买和使用某企业的产品，有的用户则已经购买了多次，还有的用户已经很久没有购买过该企业的产品，甚至有些用户已经转投到了竞品的怀抱。但是，不管用户处于“生命周期”的哪个阶段，一旦他们不能从互动中获得价值，就会渐渐远离产品和企业。

所以，企业与用户互动的第一大策略就是提高处于不同“用户生命周期”的用户的价值。要创造和提高用户的价值，就需要下面的三大要素共同发挥作用，如图 3-9 所示。

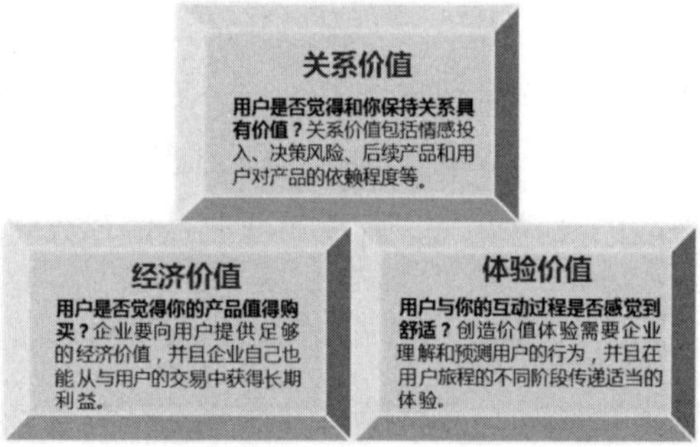

图 3-9　创造用户价值的三大要素

企业可以围绕着这三大要素，来提升用户的生命周期价值，并针对用户所处的不同阶段来制定相应的互动策略，如表 3-2 所示。

表 3-2　各个生命周期阶段的用户互动策略

生命周期阶段	阶段定义	运营目标	互动策略
潜在用户	以前没有购买过	建立连接，转化购买	交付第一次价值或实现第一次体验
新用户	90 天内第一次购买	促成再次购买	欢迎新用户，研究他们购买的原因，以及与原有用户的差异
活跃用户	90 天内至少购买过两次	保持互动，鼓励他们推荐朋友	持续取悦他们，推荐新的价值

续表

生命周期阶段	阶段定义	运营目标	互动策略
忠诚用户	持续购买	维系和加深关系，鼓励他们推荐朋友	加深关系、提供额外利益，奖励他们的贡献
不活跃用户	90 天内没有再购买	重新建立用户互动	调查满意度，给他们一个再次购买的理由
流失的用户	6 个月没有再购买	重新激活这些用户	表达想念，给他们一个再次购买的理由

4．发起正确的用户互动

在解读这个策略之前，我们先来看一个例子：

A 公司的电话销售部门在过去的销售中可以达到 9% 的成功率，这已经是一个相当高的比率了，企业可以保证收入和利润，电话销售部门也能达到业绩，对企业和销售人员来说，这个结果都是合理的。

但是我们换一个角度，站在用户的立场上来思考一下，其余 91% 不愿意购买产品的用户是否受到了打扰呢？事实上，每一次成功的电话销售的背后都有无数个被打扰的人和无数次目标错误的销售。

从这个例子中，我们可以看到，如果运营人员在进行互动和销售时没有正确选择目标用户，或者没有选择恰当的时间和地点，将会造成人力和资金的巨大浪费。

这样的互动不仅是无效的，还会让用户对企业或产品失去好感，还有可能让一部分潜在用户流失。所以，运营人员在发起和用户的互动时，一定要正确选择目标用户，只有发起正确的用户互动，才有可能达到预期的运营目标。运营人员在发起正确的用户互动时，除了借助“用户画像”和“用户洞察”等工具和手段以外，还应该知道，有价值的目标用户应有以下表现。

- 愿意接受产品的相关信息。
- 主动寻找类似的产品或服务。
- 能从此类产品中获得价值。

- 主动反馈产品体验，并提出改进建议。
- 愿意在互联网上分享关于产品的想法和态度，愿意向他人推荐产品。

5. 利用地理位置服务发起互动

地理位置服务是移动互联网时代的一大重要服务，它在互联网运营领域也能发挥重要的作用。用户的地理位置可以反映出他们的实时状态和行为。运营人员在合法的、确保用户信息不泄露的条件下，可以把用户的地理位置和移动轨迹与周围的商圈、品牌、店铺、停车场、社区等信息结合起来，以此为依据推测用户的行为偏好和消费偏好，并针对用户进行精细化运营。例如，我们可以根据用户曾经消费过的店铺和购买过的产品等信息，向用户发起精准的推送。

北京西单大悦城就在这方面做出了优秀的示范。他们的运营人员建立了手机移动应用、商场基站、商户信息三位一体的移动运营体系，在这个体系中，他们充分利用了用户地理位置服务，分析了用户的购买轨迹、线上流量和实际到店的比例，实现了运营人员与用户之间的实时、实地互动。

此外，西单大悦城还利用了微信地图，用户可以通过微信地图浏览商场内的所有店铺和商品。当用户发现感兴趣的商品时，就可以直接查看商品信息和店铺位置，并利用微信“摇一摇”功能进行实时互动。

用户还可以在街景中寻找和收集优惠券，再利用地图导航找到发放优惠券的店铺，这样线上线下相结合的运营体系为用户带来了新奇又方便的购物体验。

利用地理位置服务和商场内的信息整合，可以缩短用户在商场内的排队等待时间和其他无效时间，加强了商场与用户的实时互动，明显提升了用户的购物体验和商场的销售业绩。

6. 牢牢抓住那些尚未做出决策的目标用户

有经验的运营人员都知道，不是每个用户都能快速果断地做出选择，有的用户喜欢观望和等待。有些运营新人在运营工作中，总想着从竞争对手那里拉用户，为此花了很多时间和资金，但结果却不尽如人意。这些运营新人不妨换个思路，把更多注意力放到那些还在观望的目标用户身上，对他们施加影响，有可能会产生出人意料的效果。抓住那些还在犹豫的人，是实现运营目标的关键。

例如，A 品牌想要获得更多的新用户，但是又无法面对面地与每个目标用户交流，于是就请数据分析专家运用预测模型，在各大社交媒体上收集那些已经关注 A 品牌，但还没有购买和使用 A 品牌产品的潜在目标用户，然后推出一系列活动，吸引这批还在观望和犹豫的潜在目标用户，刺激他们购买和使用 A 品牌产品。

有些企业和品牌推出的优惠活动和免费体验活动也能吸引一批还在观望和犹豫的人，并刺激他们做出决策。总之，运营人员要集思广益地把那些还没有做出决策的潜在用户牢牢抓在手中，用各种运营策略影响他们做出决策。

以上是企业与用户互动的六大策略，运营人员可以根据产品和企业的实际情况来选用。不过，无论选用哪种策略，与用户保持活跃的互动，始终是数字化用户运营的关键所在。

3.4　留——体验：向用户传递卓越体验

京东曾经针对“品牌数字化体验”进行过一项调研，结果表明，绝大多数用户并没有对品牌的数字化体验留下深刻印象，其中甚至有高达 70%的用户对数字化互动感到很失望。然而，据我了解，80%以上的互联网企业都认为自己为用户提供了卓越的体验。但实际上，只有 8%的用户切实享受到了高水准的用户体验。

对于服务体验，企业和用户的感受相差如此之大，这是什么原因造成的呢？根本原因在于“数字化”的宣传放大了用户对服务体验的期待值，但当现实与期待有差距时，用户的满意度自然会降低。

用户体验可以左右用户对产品的态度，用户会因为糟糕的用户体验，而对产品产生反感。因此，不论是企业还是运营人员，都要重视用户体验，要在运营过程中为广大用户提供优质的服务。

互联网运营不同于传统实体营销，它有着全新的数字化场景和连接方式。当用户置身于数字化场景时，就会对消费体验的价值进行综合判断，而不仅仅只是关注与自己接触的人和事物了。相比于实体用户，数字化用户更注重产品的更新速度和使用的便捷性，也更容易受社交媒体的影响。

我和我的团队对当下消费者的用户体验需求和行为特征进行了研究，并结合互联网运营的实际情况，提出了数字化用户体验的 5S 原则，如图 3-10 所示。

图 3-10　数字化用户体验的 5S 原则

1. 速度（Speed）

有赖于互联网技术的高速发展，在数字化场景中，用户对速度的要求越来越高，他们希望自己的疑问能在第一时间被解答，自己的问题能迅速得到解决。用户变得越来越不愿意等待，所以，我们处理用户问题的速度越快，便越能为用户提供卓越的体验。

京东之所以能在电商这块硝烟弥漫的“战场”上夺得一席之地，靠的便是“京东速度”。高速运转的物流是京东商城的一大特色，一手打造京东商城的刘强东始终贯彻一条核心经营理念，那便是用最快的速度把商品送到用户手中。

在京东供职的我，对它的“速度”深有体会。用户下单后，前台一接到订单，系统就会根据用户的地理位置匹配距离最近的京东仓库，然后估算出最短的送货路径，让商品在最短时间内送到用户手中，从用户下单到取货，这中间没有任何多余的流程。正是因为这种简短而精确的物流和配送体系，让京东可以在全国 12 个城市达到上午 11 点前下单，当天便能送货上门的高效率。

京东的电子产品平均库存周转率只有 12.6 天，可以说遥遥领先于其他电商平台，能达到这种成效是因为京东十分重视产品供应链，它的物流和配送体系也在电商市场上赫赫有名。京东的这种高速运转模式为它赢得了广大用户的赞誉，但京东人却从不为一时的领先而自满，而是选择不断刷新“京东速度”，开创了极速送达、限时送达、夜间配送、次日送达、定时配送等服务，让消费者体验“最快”的服务。

2. 简单（Simple）

用户体验取决于品牌和产品，更取决于用户的主观感受。例如，当用户打开两个购物网站上的页面，其中一个页面充斥着专业术语且板块功能复杂、操作烦琐，而另一个页面板块清晰、内容易懂、功能简单，用户会选择在哪个购物网站购买商品呢?

我想答案是显而易见的。绝大多数用户都不是专业人士，他们看不懂过于专业的术语，也无法通过晦涩难懂的描述判断商品的优劣，所以，这些用户宁愿选择那些更简单、更“接地气”的购物网站购买商品。

相信大家都用过微信“摇一摇”功能，只需要摇动手机就能找到和我们同时摇手机的人，实现和陌生人社交的目的。“摇一摇”功能不仅充分考虑了手机的使用场景，也兼顾了趣味性和易用性，让那些对智能手机不太熟悉的人，也能轻松使用。“摇一摇”功能利用了手机的重力感应功能，把点击和输入的操作简化成了一个手势，后续开发的“摇一摇找歌曲”和“摇一摇找电视”更是把这个功能发挥到了极致。

上到六七十岁的老人，下到几岁的小孩，都能轻松使用微信，这与它的“接地气”是分不开的，即使不会用手机打字的人也能通过语音发送信息。简单和易用是微信的最大特点，也让它快速拥有了各个圈层的用户。

3. 一致（Seamless）

“一致性”是指在为用户提供服务的过程中，企业中的每个部门，每位运营人员都应始终保持态度一致，都要做到无缝对接。在很多大型企业中，都存在服务水平前后不一致的问题。在这些企业中，售前、售中、售后分属不同的部门，但每个部门对用户的态度都不一致，为用户提供的服务体验也不同。

例如，售前环节的运营人员对用户十分热情周到，而售后服务人员却爱搭不理、敷衍了事，这种“差别待遇”会使用户产生强烈的落差感，甚至会认为自己“上当受骗”。一旦用户有了这样的感受，就会拒绝再次购买该产品，也不会向周围的人推荐该产品，企业就会损失很多潜在客户。

造成用户体验不一致的原因主要有三个：上下不一、表里不一、承诺不一。

（1）上下不一

有些企业中，公司上下级之间存在服务不一致的情况，上级为了宣传企业、宣传产品会夸大服务态度，但用户与公司员工实际接触时却没能感受到公司上级所吹嘘的服务态度。上级指挥和下级执行之间的落差造成了用户对产品和企业的不信任，这是对公司形象的过度消费。

（2）表里不一

运营人员在做产品推广时，会在各大新媒体中发软文，宣传自己的产品如何优秀、服务如何周到，但是用户在实际购买产品时却没有体验到软文中所吹嘘的用户体验。这种表里不一的做法会让用户从内心产生反感，也损伤了产品的口碑和企业的信誉。更有甚者，企业在进行后续产品运营时，曾经受过“伤害”的用户可能会跳出来拆台，给公司的形象造成损失。

（3）承诺不一

很多企业中，售前环节的运营人员在吸引新用户时，会把产品夸得天花乱坠，目的是让用户掏钱购买。但是用户在实际使用的时候，却发现产品的实际使用效果并没有那么好；当用户在使用产品的过程中遇到问题时，也得不到满意的回应和帮助。此时，用户就会认为企业和运营人员进行了虚假宣传，也不会再信任该产品和该企业。

4．惊喜（Surprise）

在今天这个信息大爆炸的数字化时代里，用户每天都会面对各类产品的更新迭代和各种新奇的服务，很多东西甚至还没来得及流行就已经被新事物取代了。在这样的大环境下，跟风的结果就是被人甩在身后。有的服务在运营人员眼中是最新的、最流行的，但殊不知用户早已经在别的地方体验过，已经不觉得新鲜了。用户需要的不仅仅是紧随潮流的服务和体验，更是独一无二的惊喜。如何为用户制造惊喜，让用户保持新奇的体验，是每位运营人员都要做的必修课。

5．智慧（Smart）

现在的消费者越来越喜欢使用那些便捷的高科技产品，所以，塑造智能化、数字化的用户体验已经成了企业和运营人员的一项重要任务。

越来越多的智能化产品和服务应运而生，“智慧酒店”服务就是其中之一，它利用各种 AI 设备与用户进行互动，借此收集用户的数据信息，再根据收集到的数据为用户提供个性化的服务，酒店管理者们通过这种方式使用户产生一种“高级定制感”。

苹果设备中的 Siri 和微软设备中的 Cortana（微软小娜）都是 AI 智能助理，它们可以帮助用户便捷地处理各类事项，并通过与用户互动使用户产生新奇和愉快的体验。

在这个互联网技术高度发达的数字化时代中，用户体验的门槛会越来越高，而用户体验对消费决策的影响也会越来越大，满足用户的需求、留住用户的难度也越来越高。但是，身为运营人，我们要勇于迎接挑战，用心钻研 5S 原则，致力于为用户带来卓越体验，就一定能收获成功。

3.5 用——价值：可持续用户经营

在本章的前 4 节中，我已经为大家介绍了识别用户、洞察用户、与用户互动、创造用户体验等内容，那么，当我们找到用户并留住用户以后，是否就万事大吉了呢？

当然不是，每位运营人员都明白，用户永远都是弹性的、开放的，我们必须结合自身实际情况对用户进行塑造，让用户资源得到可持续性的发展。用户运营是一门不断发展和更新的学问，我们运营人员也应该持续学习。

用户运营也不是一项一劳永逸的工作，即使我们已经使用户养成了“习惯”，也依然存在用户流失的可能性。用户面临的诱惑和选择有很多，流失的情况也防不胜防，所以我们一定不能掉以轻心，而是要最大限度地巩固和提升用户的忠诚度。

那么，我们要怎样提升用户的忠诚度呢？回想过去的人生经历，当我回忆起那些曾经带给我幸福和快乐感受的人和事时，不由得会心一笑。我相信大家都有过这样的体验，当你听到喜欢的人和物的名称时，内心就会情不自禁地产生一种幸福感。

例如，我在很小的时候很喜欢看一部动画片，每当听到插曲，或看到片中人物的图画，内心都会充满快乐。在我长大后，我也有了喜爱的产品和品牌，当我看到该品牌的 logo，听到人们谈论该产品时，我的心中也会涌起一丝满足感。

作为运营人，如果我们能通过运营自己的产品使用户产生满足感和价值感，用户对产品的忠诚度便建立了起来，那么我们的工作就是最有价值的。想要达到这样的境界，有一定难度，但是我们可以把它当作自己的目标，努力做好用户的价值运营。

1．用户价值运营的四个层面

所谓价值经营，即不断满足用户价值需求的过程。运营人员要做好用户的价值经营，就要关注以下几个问题。

- 用户的真正需求是什么，怎样把握用户的需求？
- 企业/产品的核心价值是什么，即企业/产品的核心竞争力是什么？
- 如何为用户创造价值，企业/产品的竞争策略是什么？
- 如何满足用户需求？用什么产品？定什么价格？通过什么渠道？怎样开展活动？
- 如何在经营用户价值的同时，平衡好成本？

只有思考清楚以上这些问题，才能做好用户的价值经营。在具体实施价值经营的时候，运营人员可以从以下四个层面入手，如图 3-11 所示。

（1）产品价值

企业及其运营人员可以通过产品的优化创新来实现企业和产品的独特价值，形成与众不同的竞争优势。例如，华为的手机业务并没有因为市场竞争激烈、竞争对手众多，就一味地迎合市场，而是在产品质量和功能上精益求精，努力打造出了一流的手机，最终自成一体。有数据显示，2018 年第二季度，华为手机的销量已经超过了苹果手机，仅次于三星手机，位居全球第二。

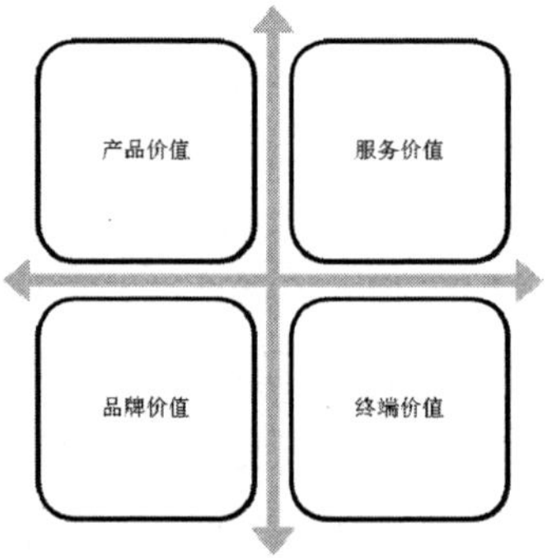

图 3-11　价值运营的四个层面

（2）服务价值

运营人员可以利用增值服务来吸引用户，形成特殊的竞争优势。例如，海底捞的服务一向令人称道，号称“变态式”服务，对消费者有求必应，舞面、做美甲、频繁更换擦手毛巾等无微不至的服务令消费者无法拒绝。2018 年 9 月，海底捞在港交所成功上市，开盘涨 5.62%，报 18.76 港元，市值近千亿港元。24 年间，海底捞从一家仅有四张桌子的乡野小店，成长为餐饮行业的巨头，依靠的就是通过切实的增值服务增值了的服务价值这张王牌。

（3）终端价值

创造终端价值，就是做好消费终端建设，为用户提供超值的购物体验。例如，日本永旺集团在每家大商场中都配备了母婴室、饮水机、化妆间和儿童购物推车等设施，这些贴心服务也受到了中国消费者的欢迎。

（4）品牌价值

随着技术的进步和普及，产品和服务的同质化现象越来越严重，同类型的产品和服务不会有太大差距，这时品牌价值便会发挥巨大的作用。一个号召力强的品牌会吸引无数的忠实用户，让企业获得持续发展。

2018 年发布的“全球品牌价值 500 强”中，亚马逊依旧保持着第一的位置，在过去的 20 多年中，亚马逊一直秉持着“顾客至上”的理念，持续推动改革和创新，为大众带去优质的服务和产品，深受用户的信任和喜爱。

价值，是由用户说了算的，价值高低与否，都是用户的主观感受。价值经营，就是要用最低的成本，让用户感受到最大的价值。价值经营是对用户的尊重，也是每位运营人员都必须面对的挑战。而企业也只有重视价值经营，才能实现可持续发展。

所以，价值经营是用户和企业的双赢，当然，每个企业的情况不同，各自的优势和劣势也会不同，运营人员要结合实际、取长补短，将企业和产品优势方面的价值发挥到最高，让企业在竞争中立于不败之地。

2. 创造价值用户价值的三大策略

作为京东运营板块的负责人，我有幸从我的运营经历和有关“价值感”的社科类书籍中提炼了以下几点可以催发价值感的元素，它们完全可以融入运营策略中。

（1）让用户感受到可量化的进步

让用户感受到可量化的进步是非常重要的，可量化的进步可以让用户产生自己能够掌控使用产品的程度、频率的感觉，继而让用户产生成就感。那么，产品中需要加入哪些元素才能让用户感受到可量化的进步呢?

“QQ 等级”就是典型的成功案例，它把在线时长作为“升级”的标准；还有的论坛也依据活跃度、发帖数等参数为用户划分等级，用户就可以通过在论坛发帖、回复等操作来给自己升级；博客类的应用也会通过发文数量、评论数、点赞数等信息，来记录用户的成长历程，显示用户的进步；京东和淘宝等电商平台则依据购物频率、购物金额来给用户进行升级。

现在，用户等级已经成了所有互联网产品的“标配”，但是，“升级”

对用户的刺激效果已经非常有限，如今的用户更加务实，已经没有了早期追求“QQ 等级”时代的那种攀比心理，通过登录、发帖、购物等简单操作获得的用户等级已经不能满足他们了，也难以为他们带来价值感。

那么，究竟怎样的“进步”才能让用户产生价值感呢？我认为是用户付出努力后得到的“进步”才能让用户产生价值感，像登录、购物、发帖这些每天都可以进行的日常简单操作，对用户来说已经称不上“努力”了。

在这种前提之下，运营人员可以采取以下两种策略来对用户进行引导。

① 短时间、高刺激

为了让用户为产品的某项功能付出真正的努力，我们可以为用户定下阶段性的目标，也就是对用户进行短时间、高刺激的激励，如果用户达到目标就给予一定的激励。很多学习类、运用类的产品和应用已经使用了这一策略，比如 Keep、薄荷阅读等。用户在 Keep 上坚持运动就能获得勋章，并且 Keep 会把用户付出的努力记录在用户的成长体系中并体现出来，以满足用户的成就感和炫耀心理，如图 3-12 所示。薄荷阅读会给坚持完成阅读课程的用户赠送原版书籍和小礼物，让用户更有学习的积极性。

图 3-12　Keep 勋章页面

② 长时间、低刺激

完成某项长期目标，用户会获得更高的价值感和成就感。还是以运动类应用 Keep 为例，它对用户的努力进行了量化，用户可以通过这些量化的数据清晰地看到自己在一段时间内的付出和取得的进步。通常情况下，此类付出是长时间、低刺激的，在此基础上取得的进步却也都是比较明显的，用户显然能够从中获得更高、更持续的成就感和价值感，也会对产品更加忠实，如图 3-13 所示。

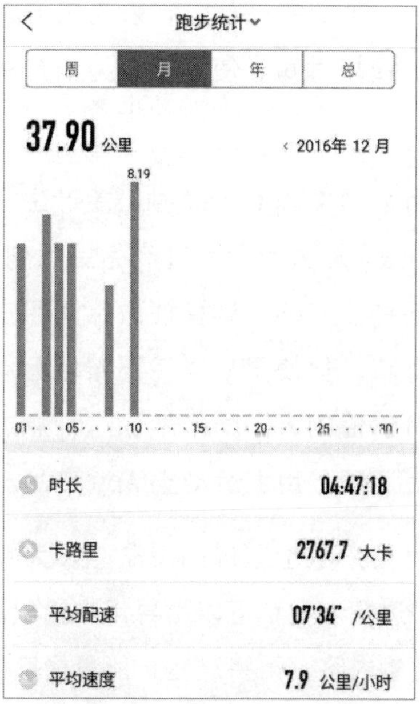

图 3-13　Keep 中的阅读运动记录页面

（2）为用户的行为赋予更高意义

在一个有关价值感的研究中，提到了价值感的三个层次，它们分别是乐趣、激情和使命。

乐趣很容易理解，它带来的刺激持续的时间最短暂，当我们听到一首好听的音乐，看了一场精彩的电影，玩了一个刺激的游戏，都会产生乐趣，但当刺激停止后，乐趣也会随之消失。

激情的感觉也并不陌生，当我们全身心投入一件事时，就能够体会这种感觉，比如写作、运动和恋爱时，我们都能感受到激情。激情的持续时间要比乐趣长得多，运营人员可以通过设计可持续参与的活动，来调动用户的激情，为用户行为赋予价值。

而使命感则是最持续的动力，更高的使命感能让我们树立更远大的目标，开创更伟大的事业，涉足更广阔的领域。当用户拥有高使命感时，他就会把自己当成某项伟大事业的一部分，发自内心地认同这件事或这个产品，并愿意为之付出金钱和时间。使命感能为用户赋予更高的意义，让用户获得价值感。

例如，当用户使用运动类 App 产品时，能产生“不断超越自己、让自己成为更强健人”的想法，那么他会通过产品更深刻地体会到运动的乐趣，并由内而外地焕发出一种使命感。这种使命感同用户强健体魄、磨炼意志与韧性的价值感交相辉映，促使用户坚持不懈地运动下去，从而提升自身的身心素质，成为更具价值的人。同样地，这种意志还会影响到身边的其他人，让更多的人爱上运动，用上运动类 App 产品。

如果运营人员能为用户赋予这样的使命感，为用户的行为赋予更高意义，那就是成功的用户运营。我们可以引导用户输出高质量的正能量内容，并向社会传播这些正能量内容，再将这些正能量内容的影响力通过某种手段量化，让用户更直观地体验使命感。运用这样的运营思路，可以极大地帮助用户意识到自己的行为是多么地有意义，认识到其行为对社会和他人产生的积极影响。

（3）让用户感到有控制力

“感到有控制力”能有效提升人们的价值感，这句话的意思是当人们在某个领域内可以绝对掌控自己时，他们就会获得很强的价值感。为什么每个人都在追求“财富自由”呢？这是因为财富能够为人们提供物质和安全保障，让人们拥有对自身的高度控制权。

游戏使人沉迷的根源也在这里，在游戏营造的“虚拟世界”中，玩家可以对游戏角色有绝对的控制权，进而，玩家也能体会到对游戏的高度控制权。

在用户和产品的世界中，我们要如何让用户感到有控制力呢？让用户自由地操作和设置产品、查看内容、使用各种功能，这只是表面上的控制力。就像是生活中朝九晚五的上班族，虽然我们掌控着自己的行动，但是仍然要每天重复性地完成我们的工作。这只能算是有限控制力，但我们可以赋予用户更高更强的控制力。作为运营人员的我们应该如何做呢？我有以下几点思路，可以供大家参考。

① 提供给用户一个“主宰区域”

以微信公众号为例，公众号平台为广大原创者提供了“特权”，让他们在掌握自己公众号的控制权的前提下，自由决定自己要发什么样的文章，什么时候发出文章，并对自己的文章有绝对控制权。微信公众号还为作者们提供了版权保护的服务，如果其他公众号要转载文章，就要向作者申请“白名单”权限。

如果发生了抄袭的现象，就会在发文时被后台直接识别出来，并替换成原文链接。另外，作者还可以自行设置访客留言的权限、菜单展示页、打赏等功能，还可以直接拉黑某些“不怀好意”的订阅用户。

我们完全可以将这样的思路运用到产品运营中去，在产品设计中为用户开辟一个“主宰区域”，使用户具有高度的控制力。

② 让用户参与产品的优化和更新

产品在每次版本迭代时，都会优化和增加一些新功能，既然如此，为何不让用户参与其中呢？我们可以设置一个透明的用户沟通渠道，在不影响产品核心功能定位的前提下，让用户自行决定产品迭代的需求优先级，让用户从多种层面上感觉到自己被重视，并深刻感受到自己对产品具有的强大影响力，进而持久地使用该产品。

③ 让用户“决定”商品的品类，甚至价格

电商类和服务类的平台上，往往具有种类丰富的产品（如电商App）、服务（如58同城）和内容（如今日头条）等。运营人员完全可以借鉴C2B的模式，让用户来“决定”平台上的产品、服务和内容。在这里，一定有人会问：用户的需求众口难调，要怎么解决呢？

帮助用户在感官上觉得拥有控制力也很重要，我们可以通过技术手段，使每个用户都感觉到自己的产品是“专门定制”的。例如，有数万名用户都要求平台提供某类商品 A，企业就可以通过技术隔离让这几万名用户打开平台时都看到商品 A。至于技术问题，运营人员收到用户的要求后，把相关需求提供给产品和研发部门即可，由各个部门协同解决。当然要真正实现这个想法，背后还有许多供应链整合、资源调配等工作要做，需要多方的配合与协调。

本章，我详细地阐述了数字化用户运营的落地实操体系——找→来→去→留→用，虽然是实操，但由于不同的互联网企业所运营的产品和性质不同，在运营实践中，运营人员所面临的真实情况往往是纷繁复杂、变幻无常的。而我提供的这个落地实操体系，对有的运营人员来说是切实可行的，但对有的运营人员来说，则是一种视角、一个起点、一个方向。当你陷入“不知道如何做数字化用户运营”的沼泽中时，你便可以仔细地阅读我的这个落地实操体系，来梳理全局，以重新找到“数字化用户运营”的起点。

第 4 章

周期化运营：不是根据产品生命周期做的运营，都是无用功

我们都知道，运营是主动驱动型工作，在任何时候可以做的事情都非常多。我们要把运营工作做好，一定要明确在什么阶段最应该做什么工作，唯有明确了阶段性的核心目标，才能在成百上千种“可选”的运营策略中抽取、组合出能够充分发挥运营“弹簧威力”的高水平打法。

4.1 互联网运营，一定要做符合产品生命周期的运营

我们先来思考一个问题：那些成功的产品，到底有没有一些共性？

成功的产品一定是有共性的，要找到这种共性，就要先解读成功产品的成长轨迹。一个产品的成长轨迹，要从时间和用户数据这两个维度去解读。

以“得到”App 的成长轨迹图为例，如图 4-1 所示，图中的纵坐标是累计下载量，横坐标是时间，曲线反映出在 2015 年 6 月到 2016 年 1 月这个时间段内，App 的下载量很少，从 2016 年 1 月开始，App 下载量迅速增加。

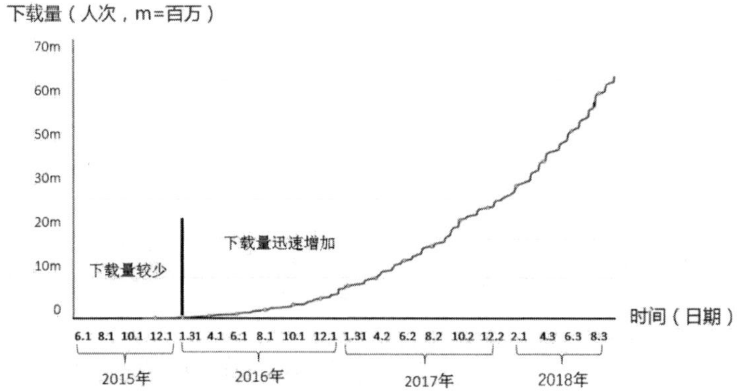

图 4-1 “得到”App 成长轨迹图（2015 年 6 月—2018 年 8 月）

再来解读“ENJOY”这款精选美食电商 App 的成长轨迹图，我们可以得知，2016 年 12 月到 2017 年 1 月，以及 2017 年 7 月，这款 App 的下载量都出现了阶梯式的增长，如图 4-2 所示。

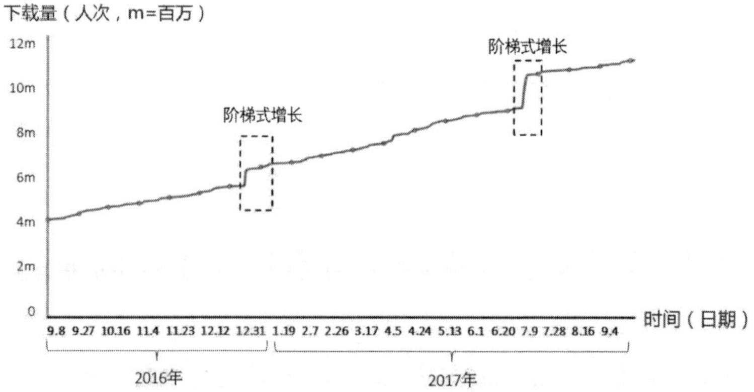

图 4-2 “ENJOY”App 成长轨迹图（2016 年 9 月—2017 年 9 月）

从上述两款 App 的成长轨迹中，我们可以得出一些共同之处。产品的用户量在早期阶段的增长速度都很缓慢，但是到某一阶段后用户量就会突然大量增长，这样的变化就是产品的“生命周期”。本节将介绍“产品生命周期”的相关内容。

首先，我们要明确什么是产品生命周期，如图 4–3 所示，我们可以很直观地了解产品生命周期的含义。

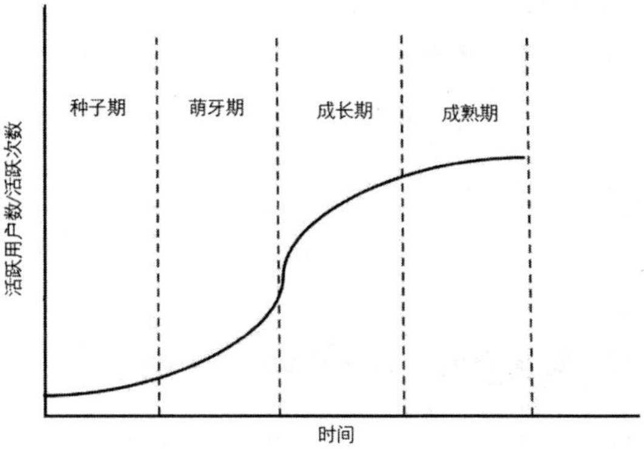

图 4-3　成功产品的生命周期示意图

图 4–3 中的横坐标表示时间，纵坐标代表活跃用户数或活跃次数，而曲线的变化则呈现出每款成功产品必经的四个阶段：种子期、萌芽期、成长期、成熟期，这四个阶段又被称为产品的生命周期。产品在每个阶段都有不同的特征，我们在做一款产品的运营时，一定要符合它的生命周期。

接下来，我们来解析产品在每个阶段的不同特征。

1．种子期

从产品形态尚未形成阶段开始一直到产品进入成长期之前，称为产品的种子期。但是，这个范围是早期从业者为了方便沟通，或者为了工作需要（风险投资）而划定的，这样的定义在运营领域范围太广，不利于精细化运营的开展。

站在运营领域的角度上，我认为种子期的范围应当细化，所以，我把传统意义上的种子期又划分为两个阶段。第一阶段是产品形态还没有形成之前，即 App 还没有上线前或者其他产品还没有形成具象形态之前，第二阶段是具体的产品形态形成后。

那么有人会问为什么要把传统的种子期划分为两个阶段呢？

这是因为很多团队在实际操作中会忽略产品成型前的沉淀，直接而匆忙地上线产品，导致后来走了很多弯路，我认为这是完全可以避免的。还有一个原因是，产品成型前后阶段的运营目标有很大差异，如果把二者混为一谈，就会让后续的运营工作陷入混乱，使大家做低效的“无用功”。

所以，我把种子期定义为从产品想法萌发到产品具体形态形成之前的阶段。而产品形态形成之后的阶段则称为萌芽期，如图 4-4 所示。

图 4-4 种子期和萌芽期的具体划分

2. 萌芽期

种子落地生根后就会开始萌芽，进入萌芽期。我认为这样的划分更加形象生动，也更符合逻辑。广大的运营人员应当认知到这两个阶段存在很大的差别，要做的工作也有所不同。在这里需要注意的是，我所说的种子期和萌芽期，在业界被通称为种子期，请大家不要混淆概念。

在实际运营中，萌芽期的工作重点也可以分为两个阶段，前一阶段是验证解决方案之后和产品还未正式上线之前的产品研发，后一阶段是产品第一个版本发布之初的早期运营。通过这样的细分，运营任务会被划分到更加具体的阶段，从而更有利于达成运营目标。

3. 成长期

成长期，就是产品快速发展、用户数量急剧上升的阶段，运营团队在这个阶段中运作产品时会感到畅快淋漓。这并不是自发性的增长，而是在运营团队精心策划和各种资源大量投入后才得到的成果。当产品度过种子期和萌芽期，在市场上开始获得成功后，就进入了成长期。

互联网商业环境风云变幻，任何爆款产品都有可能昙花一现，当我们为用户量的快速增长而欢呼时，竞争对手可能已经研发出了更具有吸引力的同类产品。在这样竞争无比激烈的环境下，很多产品的生命周期都十分短暂，变现盈利便无从谈起。只有培养和留住一批忠实用户才能让产品“活”得更长久。

在运营手段层出不穷的今天，吸引用户很容易，但留住用户却很难，因而，产品和研发部门必须持续地推进产品创新，不断地扩展产品功能，运营人员在服务上也要不断地跟进和完善，才能真正留住用户。只有持续成长的产品才是真正有生命力的。

以图像类 App 为例，美图秀秀因为功能实用、操作简单而广受用户的喜爱，成了现在年轻人常用的手机软件。实际上，美图秀秀也一直在不断完善和扩展自己的功能，它每隔一段时间就会推出新颖且实用的新功能，适时抓住用户的需求，并在用户中掀起一股使用热潮。

反观其他很多图像类软件，在前期吸引大量用户后却没有做到持续投入以保证产品创新，导致用户们的新鲜感一过，就会卸载它们，它们更像是用户手中的一次性消费品，这样的产品后继乏力，前期设计再好也难免没落下去。这样的现象实在令人惋惜，所以说一款产品在前期吸引到大量用户后，必须要持续地投入资源、保持创新、完善服务、维持用户数量，以保证产品能够平稳地度过成长期，而非早早地“夭折”。

4. 成熟期

如果一款产品开始稳定而大批量地进入市场，付费购买的人数也越来越多，市场逐渐趋于饱和，那么这款产品就进入了成熟期。产品进入成熟期后，质量得以保证，用户人数的增长趋于平缓，而且有了大量的忠实客户。

这个时期是产品开始盈利、创造价值的最佳时机，因为此时产品的用户相对稳定，产品的质量也处于巅峰，用户和产品之间已经有了很强的黏性，他们也愿意为产品付费。所以这是产品盈利的最佳时机。

互联网从来都是一个“烧钱”的行业，如果产品不能盈利或变现，就注定无法生存。产品的盈利方式也有高下之分，有的产品为了盈利而牺牲了用户体验，大量的广告和营销内容让用户不胜其烦，这种盈利方式并不是长久之计，运营人员应该找出一条可以平衡用户体验和盈利方式的道路。

高明的运营团队应该懂得利用产品的优势，微信的运营团队就借助产品庞大的用户群体，将自己发展为一个集社交、娱乐、电商功能为一体的平台，实现了多渠道变现。美团的运营团队也借助产品前期积累的商家渠道和资源发展出了强大的外卖业务，形成了稳定的变现模式。

以上就是一款优秀产品要经历的四个阶段，那么一定有人会问：为什么产品的生命周期会是这样的呢？要回答这个问题，我们需要了解市场的用户构成，我将市场上的所有用户大致分成了这几类：早期采纳者/创新者、大众用户和落伍者。他们的特征如下文所述。

- 早期采纳者/创新者：愿意尝试新事物、喜欢使用新产品；数量少，是产品萌芽期的主要用户群体。
- 大众用户：谨慎、随大流，当身边的大多数人开始使用产品后才会跟着使用；数量多，是产品成长期和成熟期的主要用户群体。
- 落伍者：对新鲜事物不敏感，对互联网缺乏了解；数量少。

市场上的用户构成决定了产品的生命周期，一款处在萌芽期的产品由于功能还不完善、市场前景也不明朗，就只能吸引到少量的早期采纳者或创新者，所以用户数量少。当产品逐渐完善，更多的用户开始使用产品，大众用户就会被吸引，用户数量便会急剧增长，产品就进入了成长期。当大众用户数量的增长趋于稳定后，产品就会进入成熟期。

再次回到我们在前文提到的“成功产品的共性”上来，通过分析产品的生命周期，我们发现成功产品的成长轨迹都是相似的，所以，运营人员一定要做符合产品生命周期的运营。运营人员千万不要在种子期和萌芽期去做用户增长，也不要在成长期去做产品的探索，这些不适当的操作很可能会将产品推向万劫不复的境地。

从事运营工作，一定要把力气用在正确的地方、正确的时机，也就是我们所说的“做符合产品生命周期的运营”。当你在运营工作中走到“死胡同”时，不要埋头蛮干，而是应该停下来好好想一想，自己的精力是否用对了地方。

至于在产品的每个生命阶段中我们应该如何运营、要采取何种措施、要制定哪些运营目标等，就是本章接下来的几节中要集中解决的问题。

4.2　种子期运营：验证解决方案是否成立

在上一节中，我们已经了解了产品的种子期是什么，那么，当产品处于种子期时，我们要如何开展运营工作呢？种子期运营有一定难度，但是“难啃的骨头”也是最有营养的。相信通过本书，大家一定可以对种子期运营有所领悟。

面对一个“嗷嗷待哺”的新项目，一个处在种子期的产品，很多人都会疑惑，这个阶段连产品都尚未成型，有开展运营工作的必要吗？还有人会陷入“是先有鸡后有蛋，还是先有蛋后有鸡”的疑问，不明白到底是先有产品后有运营，还是先有运营后有产品？

很多人都认为运营工作是围绕具体、真实的产品展开的，但我却不这样认为。运营工作对于种子期的产品而言大有裨益。这个阶段的“产品”只是一个雏形，它可以是公众号、社群、线上店铺，甚至是一个理念、一个想法。而且很多时候，面对浩瀚的市场风云，直接研发产品 App 并不是最优的选择。所以，产品的这个阶段也需要有运营人员的介入，具体而言，就是要把产品的概念和雏形推向市场，获得目标用户的需求反馈，为产品的后续研发提供方向。

那么，在产品尚未成型的种子期，运营人员有哪些工作可以做呢？

一般来说，我们的运营目标都是以培养用户习惯、增强用户忠诚度为核心的，但种子期的产品比较特殊，这个阶段的运营目标应该是验证解决方案是否成立。

在一个项目初创之时，产品还没有成型的状态之下，无论创始人多么富有远见卓识，无论他对目标用户的理解多么深刻，都不能保证用户一定会为其产品买单，解决方案是否成立也只能靠猜测。

例如，渴望学习和成长的用户，一定需要一个好老师吗？那可未必，他可能只需要一些志同道合的伙伴。现在直播平台很火爆，无论是体育赛事直播、游戏直播，还是网红直播都很受欢迎，但如果专门做一个程序员直播写代码的网站，直播内容就是一个程序员在默默地写代码，既不说话也不和观众互动，这样的产品会火吗？

一般人可能会觉得当然不会有人喜欢这样的产品，但这样的网站确实有而且还在一些国家火了。这是因为它准确抓住了“码农”（互联网程序员的绰号）们的“痛点”，加班工作的“码农”们在夜深人静时会备感孤独，如果有个人能“陪伴”自己，他们就会觉得自己不是一个人在“战斗”，所以这个直播写代码的网站受到了程序员们的欢迎。

通过这个例子我们可以看出假设和现实之间存在的巨大差距，有些事在真正动手去做之后，便会有截然不同的感触，做产品也同样如此。不过，如果产品的解决方案已经被同行验证过，我们只是在此基础上进行模仿，就不属于种子期的范畴了，但是在产品的后续更新迭代中，运营人员依然需要用到种子期的运营思维。

“验证产品解决方案是否成立”真的如此重要吗？

是的，因为无数个失败的经验告诉我们不经验证的解决方案将导致产品彻底的失败。我有一个朋友，她经营着一家高端家居买手店，为顾客在全球范围内采购各种风格的家居产品。她曾给我讲过一个发生在她的公司的失败案例。

当时，她的公司已经通过早期的传统经营模式积累了大量优质而忠实的用户，但她想跟上时代的发展进一步扩大公司业务，就决定开发一个 App，为用户提供更好、更方便的线上订购服务。

她认为这个项目非常有前景，因为公司的客户群体都是比较富裕的人群，一旦 App 推广开了，将会产生很大的商业价值。于是，她立刻组建了研发、设计和产品团队，考虑到目标用户都是高端商务人士，她要求这款 App 产品一定要做得“高大上”，在界面美观程度、商品展示、购物浏览、支付体验等环节都要精益求精。

经过半年的努力，并淘汰了好几个版本后，她终于推出了“万众期待”的产品 1.0 版本，这款产品不仅有精致、美观的操作界面，还有高质量的内容，并且还开发了一些可以满足用户高标准服务需求的独特功能。

但令人意想不到的是，这款 App 在博得老客户们的一片口头赞美后，就被束之高阁了。老客户们并没有使用 App 提供的服务，依然用原来的方式与公司的客服沟通，无论她怎么推广，这款 App 都无人问津。这款产品刚刚诞生就已经彻底失败了。

她说，公司在这款失败的产品上浪费了半年时间，还让至少 50 万元的成本打了水漂，结果却什么也没得到。她认真总结了失败的教训后，才明白：更好、更便捷的购物体验并不是用户最核心的需求，只是公司认为用户需要而已。对于这类高端商品，用户的核心需求只有两个字——正品。至于订购，客户只需要一个电话、一条留言就能搞定，何必要大费周章地去使用 App 呢？明白了这一点后，她认为这 50 万元的“学费”交得并不冤枉。

从我这位朋友的亲身经历中，我们也能得到一个重要启示：验证解决方案是种子期产品运营的必经之路。不过，半年时间和 50 万元的代价还是有些大的。而用正确的方法，我们只需要很少的成本就能完成解决方案的验证。

1. 解决方案验证的具体步骤

一旦产品的方向错了，做得再快也没有用，只会白白浪费时间和金钱。所以，我们要通过高效的运营策略来验证解决方案成立与否。

在这里，我们可以借用制造业的“精益生产”理念来进行“精益运营”，运营人员要在解决方案基本可用的前提下，对验证速度和验证成本进行优化。在实际操作中，可以按照下面的三个步骤来执行。

（1）做出最低限度的可实现的解决方案

在这个步骤中，运营人员需要牢记两个关键词：“最低限度”和“可实现”。不要一味追求高速度和低成本，“快”并不是目的，验证结果才是。如果一味求快，做出粗制滥造的产品，就是本末倒置的行为。

“最低限度”究竟可以“低”到什么程度呢？我认为，应该以“解决方案”对目标用户的吸引程度为依据，意即视用户需求的强烈程度而定。一般来说，需求越强烈的目标用户，对“解决方案”的质量要求也越低，两者是呈反比的。

比如说，对高新企业而言，用最低成本招聘优秀人才是一个强烈需求，在这种情况下，无论应聘的人是什么情况的，只要达到了企业对“最低限度”的预期，就会得到面试的机会。反之，很多传统企业中已经有了固定的用人标准，或者已经有了成熟的“替代方案”，这种情况下的企业在招聘时就会提高标准、严格把关了。

再说“可实现”，它意味着解决方案不能只是一个“空中楼阁”，必须是用户看得见、摸得着的东西。我们不可能拿着一个产品概念去对用户说：“我们准备做一个能一键美化手机中所有图片的修图 App，你有兴趣使用吗？”面对这样虚无的“产品”，用户当然不可能买账。

用这种虚幻的“概念”去做用户调查只能获得想象中的用户需求，却很难得知用户的真实想法，不能作为准确的参考。

那么，最低程度的可实现的解决方案到底是怎样的呢？

假如我们要开发一款修图 App，而市场上还没有出现过同类产品，那么这就是一个需求强度很高的产品，用户对质量的要求也不会很高。产品的雏形就可以粗糙一些，甚至只需要为用户提供一个“上传图片”“处理图片”和“输出图片”的界面。

这样的简单界面的设计，甚至不需要研发部门的参与就可以解决，现在的市场上已经有很多的界面原型设计工具或 H5 设计工具，操作也非常的简单。那么，产品的核心技术“图片美化”应该怎么解决呢，难道要投入人力、物力自行研发吗？当然不用！我们完全可以用后台人工处理来代替。当前台接收了用户上传的图片后，后台人员就可以用 PS 等图像处理软件进行处理，并将结果输出给用户。但是显而易见，这个阶段只能邀请少量用户参与，以保证他们获得完整、“真实”的产品“使用”体验。

再比如，如果我们要验证一款人才招聘 App 的解决方案，又应该怎样做呢？难道要通过技术手段完整地搭建一个简历录入及输出平台吗？当然不用这么麻烦！

首先，我们要找到目标用户，获得他们的简历，并协助用户对简历进行简要描述。然后，建立微信群、QQ 群，将所有用人单位加进群里。最后，我们可以根据用人单位的要求和选择，将符合条件的简历推送出来，如果用人单位看中了其中某份简历，运营人员就可以向用人单位推送完整版的简历。一切就是这么简单！

上文中的“人工处理”曾经一度被视为应该被淘汰的低效率行为，但是它在种子期的产品运营中却能产生十分高效的效果。它可以帮我们把原来几个月的工作量缩短到几天，并且能获得相同的答案。

有时候，产品运营就是和时间赛跑，时间是运营人员最大的敌人。我们常常要考虑一个问题：我们能否找到更简单、更高效的解决方案呢？当然可以，比如，在种子期，我们便可以跳过研发环节，利用“人工处理”的方式实现解决方案的验证。

但是，并不是所有解决方案的验证都能省略研发的环节，那些对解决方案有比较高要求的、必须具象化的、实在无法“人工处理”的产品，还是要投入相应的研发工作的。我整理并归纳了目前市场上的移动互联网应用产品，总结出了如下五个类别，这些类别的产品在种子期运营中都可以跳过研发步骤，实现解决方案的验证。

- 应用工具类 App：如支付宝、高德地图、有道词典、滴滴出行、美团外卖等。
- 电商工具类 App：如京东、淘宝、天猫、苏宁易购等。
- 社交类 App：如微信、新浪微博、知乎、陌陌等。
- 资讯内容类 App：如今日头条、新闻头条、天天快报等。
- 泛娱乐类 App：如斗鱼直播、抖音、bilibili、唱吧等。

实际上，上述类型的产品还未在市场上推出时，它们的解决方案验证方法也相对比较简单。除了社交类 App 产品以外，绝大部分产品的解决方案都能通过其他途径实现，从而验证最低限度解决方案能否成立。

我们可以充分地利用如微信公众号、电商平台、H5 游戏、短视频平台等各种成熟的平台以及“人工处理”取代“技术黑盒”等巧妙的手段，来实现解决方案的验证，并对产品进行传播和验证。

最重要的是要先做出一个最低限度的可实现的解决方案，只有这样，后续的完整工作才能顺利开展。在这个阶段，我们只要给用户展示产品的简单雏形，让用户能够了解产品的概念就可以了。

（2）接触并锁定用户，促进用户对产品的认知

最低程度的解决方案已经有了，接下来，我们就要开始接触产品的最早期用户了。那么，我们应该怎样找到他们呢？我的建议是，让那些需求强度高的潜在用户主动申请试用。

在形成解决方案的时候，运营人员应该做好“潜在用户认知调查”“高密度用户渠道”“用户认知内容”等一系列准备工作。我们要在已经找到的高密度用户通道中投放内容，并留下渠道让需求强烈的潜在用户主动申请试用。

有些运营人员会采取“现金补贴”等直接经济利益方式去吸引早期用户。但是，我对这种做法持反对意见，经济利益会吸引到那些非目标用户，增加运营成本，而且从社会心理学的角度来讲，“金钱利诱”的行为会让目标用户对产品产生负面印象。因为，如果一款产品真正有价值的话，又何必倒贴钱来请人体验呢？

我们可以采取与之相反的方法，利用大众“物以稀为贵”的思想，刻意营造产品的“稀缺感”，以此来吸引潜在用户。例如，我们可以对外宣称试用活动仅剩几个名额，规定体验产品的人数等。

如果主动申请的用户人数不多，运营人员可以到各大社交平台中去寻找潜在的目标用户，并以私信的形式向他们发出邀请，或者向他们推送关于产品的各种重要信息，以吸引他们来申请。我曾在微博中接到过类似的私信推送，对方是一个在线教育培训平台，他们邀请我入驻平台成为特邀讲师，虽然我最终没有接受他们的邀请，但对于这样的推送，我并不反感。

只要产品本身没有太大问题，我们都可以通过类似的运营策略，顺利地找到愿意体验和试用新产品的潜在用户。看到这里，有的读者一定还会有疑惑：用户能接受吗？这就考验运营人员的沟通技巧和策略了。

对于有的新产品，我们很难确定用户对它的需求强度，但我们可以考虑给用户一些“特权”，让他们产生一种荣耀感，这样一来用户就会对新产品的质量有比较高的容忍度，他们也不会太在乎早期“产品”的粗糙程度。

（3）获取真实的用户反馈

有了解决方案，又找到了用户，接下来就要开始进行解决方案验证了。具体的验证途径是什么呢？是获取用户的真实反馈，这是此阶段运营中的一个难点。这个难点的难度在于：如何获取并正确解读用户的反馈。

我的建议是让用户用“行动”来投票、用“钱包”来投票，不要只听用户怎么说，还要看他们是怎么做的。

如果我们要运营的产品是一款付费应用，那么我们在做解决方案验证时，就要重视用户的付费意愿。在首次免费体验后，可以大胆地尝试让用户进行后续付费。不过，考虑到现阶段产品雏形的质量普遍不高，运营人员要给予用户一定的折扣，让用户选择是否继续使用产品。折扣的标准可以按实际情况来定，不过，一定要考虑到解决方案的“粗糙”程度。也许折扣后的付费金额很少，但一定要让用户真正掏出钱包付费，这样才能看出用户是否真正需要这款产品。我们要记住，行为永远比承诺更加可靠。

还有一种情况，在解决方案中，如果我们为用户提供的是免费服务，那么，我们就要格外关注用户留存率，以及用户推荐率。如表 4-1 所示的用户留存表中，记录了某款应用每天首次启动后的用户数据和用户在接下来几天中的留存率。

表 4-1　用户留存表

首次启动日	新增用户数（不含重复安装）/个	留存率						
		次日	2 天后	3 天后	4 天后	5 天后	6 天后	7 天后
2018-7-10	4046	7.5%	4.33%	3.66%	2.67%	2.6%	2.32%	2.22%
2018-7-11	4456	6.91%	3.95%	3.19%	3.16%	2.27%	2.51%	2.4%
2018-7-12	3872	6.28%	4.11%	3.15%	2.66%	2.04%	2.09%	2.04%
2018-7-13	3558	6.97%	4.69%	3.51%	2.47%	2.92%	2.47%	2.45%
2018-7-14	3619	8.18%	4.59%	3.34%	3.21%	2.98%	2.93%	2.76%

我们在获取用户反馈时，要特别关注“留存率”和“推荐率”这两个指标。一切免费产品要取得成功就是要靠海量用户的关注，并利用产品的

影响力来创造盈利，如广告盈利、第三方分成等，不考虑盈利的产品很难走得长远。我们在判断一个产品是否盈利时，主要看留存率和推荐率两个指标。留存率可以反映产品是否能获得大量用户的持续关注，推荐率可以反映产品的传播能力和增长能力。

那么，留存率和推荐率的“合格线”又在哪里呢？我们要为产品定下什么么样的标准呢？

其实，这两个问题并没有标准答案。过去的理论教育和量化一切的习惯让我们在遇到问题时倾向于寻找精确的标准答案，但是在实际生活中，尤其在商业领域，一切都是充满变数的，我们不可能每次都能找到“标准答案”。作为运营人，我们要培养自己弹性的思考模式，让自己能够灵活地应对变化，灵活地设定目标，灵活地完成任务，只有这样才能轻松开展各种产品运营和用户运营工作。

2. 种子期运营的核心工作流程

上文中，我为大家介绍了种子期产品运营的主要任务和具体工作步骤。下文，我将详细论述种子期运营的核心工作流程，如图 4-5 所示。

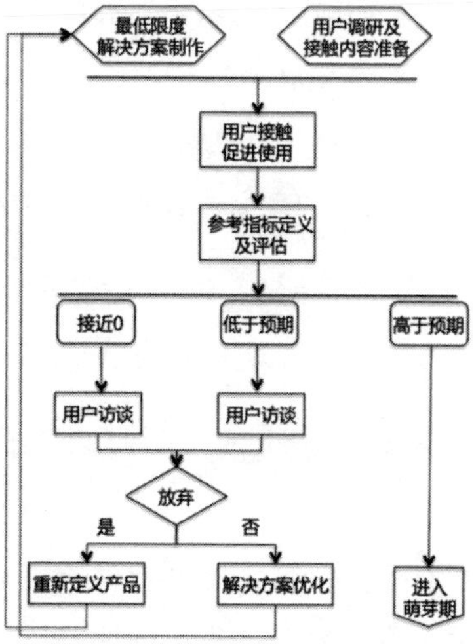

图 4-5　种子期运营的核心工作流程

运营人员在产品种子期的工作主要包括以下内容。

- 制作最低限度解决方案。
- 寻找潜在目标用户。
- 调查潜在用户的认知水平。
- 研究潜在用户密度。
- 准备用户接触的内容（推广活动等）。
- 保证与用户沟通渠道的畅通。
- 测试用户体验前、后的各项服务。
- 启动用户接触和解决方案。
- 与用户展开互动，并为用户提供咨询和答疑。
- 收集用户反馈数据、设定用户使用周期。
- 进行用户深度访谈。
- 汇总和分析各项数据，为决策提供支持。
- 得出结论，放弃产品或对其进行优化。

如果能在产品还处于种子期时，就参与到项目中，对运营人员来说是一个很好的成长机会。尽管未来充满未知的风险，但我们可以从中收获的东西也更为可观。我们也许不能从中获得丰厚的物质回报，但是却能在持续优化解决方案的过程中锻炼自己的产品思维——对运营人员来说十分重要的一项技能。

本节解析了许多内容，但总结起来主要为两点。

- 让产品赢得市场的关键在于用最短的时间找到用户需求和解决方案的最佳契合点。
- 运营思维和创业思维有异曲同工之处，优秀的运营人员要拓宽自己的视野，让自己站在更高的角度思考问题。

这两点是运营人员打造个人竞争力的必经途径，也是企业和产品提高商业竞争力的关键。在互联网时代，依赖资本优势、规模优势、渠道优势的竞争格局正在瓦解，对用户需求的准确解读、对市场的领悟、对商业模式的理解正逐渐成为制胜之道。不过，这种趋势也对企业的运营能力和产品的研发能力提出了更高的要求，运营人员终将拥有极大的用武之地。

各位运营同人们，属于我们的机遇和挑战已经到来，未来将大有可为！

4.3　萌芽期运营：筹建产品与用户的联系桥梁

当解决方案得到了用户的肯定，产品成功“活”过了种子期，就说明这款产品值得一做。接下来团队就可以着手研发可以独立运行的真正产品了，产品正式进入萌芽期。在这个阶段中，运营人员同样有很重要的工作要去做。

正式启动萌芽期的产品研发工作后，配套的产品经理、设计师、研发人员陆续到位，而运营人员也要准备开始打一场“硬仗”。在此阶段，运营工作的重心是建立产品与用户的联系桥梁，即建立用户关注渠道。

所谓“用户关注渠道”，就是产品与用户接触的所有途径，渠道代表流量，通过渠道我们能接触用户、转化用户、留住用户。

1. 在萌芽期建立用户关注渠道的原因

在前文的种子期运营策略中，我谈到了用“特权”“折扣”“稀缺感”来吸引用户申请体验产品的策略，虽然它们可以在短时间内为产品吸引、留住一批用户，但是这种策略在萌芽期内并不适用，我们必须建立持续性的用户关注渠道。

种子期的非常规运营策略会消耗大量资金和人力资源，我们会用大力度的优惠吸引用户，在某些情况下，甚至会为用户提供多对一的服务。可是，这种消耗巨大的策略只能在短期内运用，不能作为长期的运营方针。况且，这种运营策略一般只能承受百人级别的运营压力，一旦用户人数增加，企业就会无法承受。当产品进入萌芽期后，用户人数势必会出现增长，运营成本也会上升，这种“高投入、低产出”的运营方式自然就行不通了。

此时，我们要寻找一种“进可攻、退可守”的方式来与用户保持紧密联系，而建立用户关注渠道就是最好的选择。

建立用户关注渠道有以下三个好处。

第一个好处是在不过度打扰用户的情况下，与用户保持联系。

第二个好处是可以作为扩散产品影响力的“大本营”，并及时获取用户对产品的反馈。

第三个好处是能挽回已经流失的用户。比如有的用户对产品本身不满意，但是很认可产品相关自媒体发布的内容，通过持续关注这些内容，用户很有可能会再次使用该产品。

最重要的是，若用户关注渠道运营得十分成功，就会产生类似“品牌效应”的效果，这类渠道的生命周期甚至会比产品还要长，它们不仅能辅助运营人员开展产品运营工作，还能“孵化”和“养育”后续的系列产品，如图 4-6 所示。

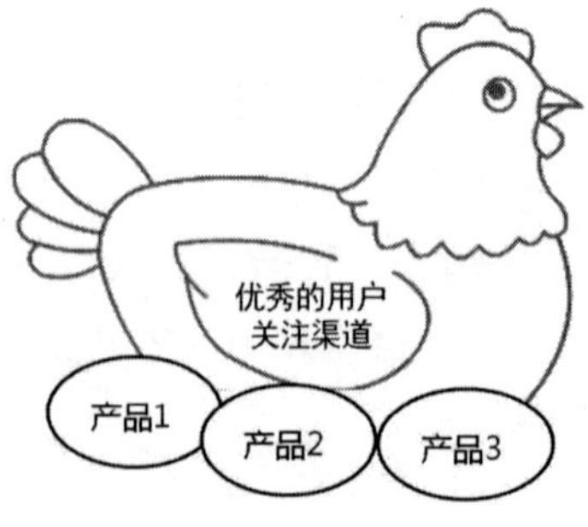

图 4-6　用户关注渠道与产品的关系

2. 如何选取用户关注渠道

在运营用户关注渠道之前，我们首先要选取一个主要的渠道，如微博、抖音或微信公众号，当后续人力资源和资金补充到位后，我们可以陆续开通更多的用户关注渠道。但在此之前，运营人员必须要选取最主要的渠道。

目前，业界比较主流的用户关注渠道是微信公众号，运营人员可以根据自己的具体业务和产品的运营需要来选择运营订阅号或服务号。订阅号可以每天发布内容，更适合作为以内容为主体的与用户连接的渠道；而服务号每月只能发布 4 次，更适合作为与用户沟通、服务用户的渠道，两者运作的规则和细节大家可以自行学习和了解，在这里我就不做具体阐述了。

除了微信公众号，还有很多其他可供选择的渠道，我们在选择渠道时，应该以产品目标用户的使用习惯为依据，如果产品的目标用户是外国人或其他小众亚文化群体，公众号就不是最佳的选择。

对于互联网运营人员来说，我们可以选择的常见渠道还有微博、QQ 订阅号、百家号、第三方论坛、官网、知乎、豆瓣，甚至是喜马拉雅 FM、抖音等 UGC（即用户生产内容）平台。这些平台的用户群体会有重叠但也有各自的不同特点。

微博曾在移动互联网刚兴起时达到巅峰状态，现在也依然坐拥数量庞大的用户，占据有流量优势，不过微博上的内容更偏向咨询类，泛娱乐类的产品是不适合在微博投放的。但是，微博在传播时事热点和一对多快速传播上还是有很大优势的。

QQ 订阅号（如 QQ 看点）的用户群体更为年轻，在有些公开研究报告中提到，QQ 的主要用户群体比微信的要年轻，多为“95 后”。如果产品的目标用户是非常年轻的人群，运营人员就可以考虑将 QQ 订阅号作为主要的用户关注渠道。

知乎的用户数量虽然不如微博、微信多，但是用户质量、用户活跃度和内容生态都比较优质，以知识型和学习型用户为主要目标的产品可以提升知乎官方账号的运营力度。

豆瓣曾经是文艺青年们的精神家园，现在在文艺青年群体中依然有着不小的影响力，如果产品的用户群体是文艺青年，我们可以选取豆瓣为主要的用户关注渠道。

虽然，论坛或社区这个渠道在移动互联网时代已经不再是主要传播渠道了，但它们也有自己的优势，企业可以在这类平台中根据自身实际情况，进行自定义开发。官网论坛运营做得比较突出的就是小米的“米聊”社区了，如果企业不具备小米这样雄厚的研发资源，也可以考虑在一些大型第三方论坛平台（如百度贴吧、虎扑社区）中开设企业的产品论坛。和社交媒体相比，论坛能够建立比较“平等”“多对多”的社区关系，但内容种类五花八门，管理成本较高。

3. 如何布局用户关注渠道的内容定位

选择了合适的用户关注渠道以后，运营人员就可以开始布局渠道的内容定位了。在产品萌芽期内，我们针对目标用户设定了四个运营目标：与用户保持联系、传播产品价值、增加新用户关注、产品正式上线后将“关注产品的用户”转化为“体验产品的用户”。内容定位就是根据这四个运营目标确定的。

根据这四个目标，我们可以制定出布局用户关注渠道的内容定位的四大基本板块。

（1）促使用户传播的内容

在种子期累积的用户，有可能会在产品正式版本发布后出现流失，所以我们要在萌芽期吸引一批新用户，以保证产品运营的用户基数，而借助一些可以促进用户传播的内容，可以持续而稳定地增加用户。

（2）对用户有价值的内容

积极推出对用户有价值的内容，可以确保用户不对产品“取消关注”，尤其是在用户对产品不满意的情况下，对用户有价值的内容可以成为防止用户流失的利器。

（3）产品研发进度的公布

公布产品研发进度不仅能提升用户对新产品的信任度，也能为产品在正式上线前做好预热，同时也可以吸引目标用户的持续关注。在当下这个信息大爆炸的时代，如果产品不能维持关注度，就有被遗忘的危险。但要注意的是，吸引用户关注，不等于"骚扰用户"，运营人员一定要把握好度。

（4）产品的"认知教育"

对于产品价值的认知，萌芽期新增关注用户与种子期用户是完全不在一个层面上的。所以，我们要设计一些简单易懂、易于理解的内容来加强大众用户的产品"认知"。当然，产品的"认知教育"不仅针对萌芽期，它始终是贯穿于整个产品生命周期的。

在这里，内容经营成了产品"认知教育"的重要内容。内容运营的工作也不仅是针对产品萌芽期的，它也应该融入整个产品的运营体系中，贯穿产品生命周期的始终。内容运营一定是为产品服务的，绝不能和产品剥离开，如果仅仅流于形式，那么内容运营就失去了它本身的意义。

以上内容是产品萌芽期的基础运营工作，做到这些仅仅达到了"合格线"，如果想成为一名优秀的运营人，我们能做的其实还有很多。还记得前文中提到过的"用户体验""价值经营"等理念吗？在萌芽阶段，我们完全可以开始着手培养用户信任、创造用户体验了，运营人员要始终把"提升用户质量"作为准则，在工作的每一个环节中成就卓越！

4.4　成长期运营：快速提升用户数量

产品在我们的努力运营下度过了萌芽期且被市场接受和认可，则将顺利进入成长期。此时团队已经获得了阶段性的胜利，因为目前能顺利进入成长期的创新产品实际上并不多。不过，在庆祝胜利的同时，我们还要明白：运营工作仍然有很长的路要走。

在产品的成长期，运营目标将向着快速成长方向调整，这一阶段的运营工作重点就是快速提升用户数量。但是这么说却有些笼统，成长期的产品运营当然远远不止这么简单。

这是因为，成长期的产品，就像处于青春期的少年，各个方面还没有真正的成熟、完善，还处于一种不稳定的状态，它既有可能迅速成熟起来，并呈现出成熟期的特征，也有可能出现倒退，呈现出倒萌芽期的特征，这便对运营人员提出了更高的要求，我们既要保证核心事务执行到位，又要具备敏锐的运营直觉，还要有随时灵活调整战术的能力。

所谓“兵无常势，水无常形”，相比其他阶段，成长期是最多变的，这一阶段的核心运营目标也是最不“简单”的：以提高增速（用户数、付费数增长速度）为主，并兼顾忠实用户的培养，当运营指标出现异常时，还要及时调整战略，进行修复和补救。

总的来说，产品成长期的核心运营目标其实就是在留住用户、培养用户忠诚度的基础上，扩大与用户的接触面，积极吸收新用户。产品成长期的运营目标之所以如此复杂，原因有两点。

第一，产品萌芽期的用户需求还无法真正代表所有目标用户的“平均需求”，在实际运营工作中，随着用户数量的增多，用户需求发生改变，产品也要随之“改头换面”。有的产品的商业模式甚至会在某一阶段发生改变。

第二，与吸引新用户相比，挽回流失用户才是最难的。在我看来，笼统地将产品成长期的核心运营目标定为“用户数增长”，其实是一种十分简单粗暴的做法。这就像对已经流失的用户说："麻烦你先别卸载我们的产品，等我们把功能优化好之后，你再试试看吧！"这完全无法说服并挽留用户。

核心运营目标中提到的"增速"也不仅仅是用户数的增长，还包含了付费数的增长。成长期的产品确实非常需要提升用户数量，但是对于那些没有大资金背景，也暂时没有获得风险投资的团队来说，付费数增长才是核心目标。

根据成长期运营的核心目标，我总结出了产品成长期运营的六步核心流程，如图 4-7 所示。

图 4-7　成长期运营的六步核心流程

（1）明确阶段性运营目标

前文中我已经提到，大部分产品在成长期的核心运营目标是"用户数增长"，少部分资金不足的产品要以"付费数增长"为核心目标。有了核心目标以后，我们还要关注其他目标。

后期盈利方式主要为"付费用户"的产品的推广，我们除了要关注用户数的增长外，还要设定一根"最低付费率"的红线作为辅助目标，一旦付费率低于这根红线，我们就要把辅助目标上升为核心目标，并投入相应的重心资源，以确保提升用户的价值。需要注意的是，付费率和付费数不是同一个概念，付费率可以衡量付费产品是否具有吸引力，付费数则单纯指金额的大小。

当以“付费数增长”为运营目标的产品出现“用户数增长”下降的情况时，运营人员也应该迅速找出原因，看看是什么导致了用户数的增量下降，是市场容量小还是出现了同类竞争者或者其他方面的原因。这个时候，运营人员又要把“用户数增长”提升为核心运营目标。

（2）梳理内部可用资源

通常来说，互联网企业内部可供我们调配的资源主要包括三大类。

第一类是运营人力资源。我们在梳理人力资源时应该考虑这样几个问题：目前运营方面的固定工作有多少，在整体运营工作中占多少比例？还有多少弹性工时可以用来支撑其他的临时性运营工作？产品、研发等技术部门能否抽调人员为运营工作提供技术支持？当有大型活动时，其他部门能否抽调出人手进行协助？

第二类是资金资源，包括能申请到的运营预算，以及能够体现预算价值的“成果”。

第三类是渠道资源，包括企业内部的公关、宣传、推广资源和可进行合作的有影响力的组织或个人。我们在梳理渠道资源时，还要考虑这些渠道的受众群体是哪些？渠道的影响力有多大？使用这些渠道的资金和人力成本大概是多少？协调整个渠道的周期大概要多久？

（3）确认目标用户状态、产品特性和市场竞争优势

这里的目标用户是指产品成长期的主要推广对象，用户状态是指用户的密度，以及用户对产品的认知程度和需求程度。

用户密度是目标用户在某个地点或某个渠道的密集程度，在统计用户密度时，既要包括线上平台也要包括线下地域。例如，对于求职类产品来说，写字楼云集的商圈和地铁口就属于高用户密度的地域；对于泛娱乐类产品来说，娱乐资讯社区、其他泛娱乐类产品都是高用户密度的平台。只有在高用户密度的地点或渠道进行推广，才能有效拉动用户增长。

用户对产品的认知程度是指目标用户对产品的印象、了解程度和好感度，用户对产品的需求程度是用户使用产品的意愿。而产品特性和市场竞争优势则是我们制定运营策略的重要依据，在运营过程中这两点都是要重点强调的。

（4）运用“用户增长引擎组合拳”制定战术

我以产品生命周期为基础，总结出了“三大用户增长引擎”，我把它们称为圈地式增长、涟漪式增长和感染式增长，如表 4-2 所示。

这三大用户增长引擎的特点如下文所述。

- 圈地式增长：即广撒网，在高用户密度的地方加强曝光度，在最短的时间内获得最多的用户接触机会。
- 涟漪式增长：把内容作为与目标用户接触的媒介，用户增长时间周期较长，但是对外部用户的影响力比较大，影响的时间比较长。
- 感染式增长：以老用户为核心运营对象，通过他们的人脉和影响力来吸引和转化新用户，并不断扩大“感染”面积。

表 4-2 三大用户增长引擎的特征

对比项	圈地式增长	涟漪式增长	感染式增长
费用	高	低	中
时间周期	短	长	中
运营人力	低	高	中
主要策略	品牌曝光（活动）	内容（社群）运营	诱发分享（规则）
用户养成成效：接触度	高	中	低
用户养成成效：认知度	低	高	中

续表

对比项	圈地式增长	涟漪式增长	感染式增长
用户养成成效：关注度	低	高	中
用户养成成效：体验率	低	中	高
用户养成成效：付费率	低	中	高
适用产品	低认知、中信任门槛	高认知、低信任门槛	低认知、高信任门槛

经过前三个流程的准备，第四个流程我们就要制定战术了，可以将前文提到的“三大用户增长引擎”进行拆分和组合，运用多种“组合拳”来进行产品成长期的运营。

下文中，我列出了几种组合方式供大家参考。

① 涟漪式+感染式：兼具速度及稳定性

这种方式属于“人海战术”，需要消耗大量的人力资源。它的优点是在保证用户稳定增长的同时，持续地优化产品和运营策略，缺点是要花较长时间才能实现用户数增长。在互联网时代的早期，Hotmail 邮箱采取的就是类似的策略，在当时的邮箱都收费的情况下，Hotmail 在邮件底部添加的“免费声明”，快速拉动了用户的增长。

② 圈地式+感染式：强势占领市场

这种运营方式十分霸气、高调，但需要大量资金的支持。它的优点是可以在最短时间内获得最多的用户数，强势占领市场，给潜在竞争对手和同类领跑者造成巨大冲击。这种运营方式的风险也非常大，当运营服务和产品体验跟不上时，用户数量就会出现塌方式的流失，但是前期的运作又确实促进了此类产品的市场普及，那些闻风而动的后来者就会跟上来瓜分市场。可以说，这种运营方式一旦失败，就是“为他人作嫁衣”。

前几年的各类 020 产品的运营就经常使用这种策略，靠大量烧钱的方式来使产品快速占领市场，我们在大街小巷都能看到这些产品的传单。

③ 圈地式+涟漪式：培育市场

这种方式的第一目标是获取大量的市场关注，提前为产品预热，让用户充分消化产品概念，为下一轮转化做好准备。这种运营方式适合那些认知门槛较高的产品。

在实际运营中，每一个基础增长引擎本身就包含了很多不同的运营策略，三大用户增长引擎可以组合成更多的“组合拳”。

例如，感染式的增长既可以采取“烧钱补贴”的方式，也可以给予用户“精神激励”或者“实质好处”，以此来鼓励用户分享。我们在做运营工作时，采取的策略不同，组合之后的战术也会起到完全不同的效果。

灵活运用组合制定战术，要求运营人员具备丰富的经验和独特的创新能力。除此之外，运营人员还要深刻领悟三大增长引擎，以在此基础上打造出优秀的运营战术。

（5）实施运营战术，并对运营战术进行微调和优化

制定好运营战术后，就可以开始实施了。在实施的过程中，运营人员要监测每天的数据，设置关键指标，对异常情况进行处理，对外界的变化或者大事件给予积极响应。在这个过程中，我们运营人员还要对运营战术进行微调和优化。

（6）验收阶段目标，固化有效策略

运营目标的验收可以分阶段进行，一般有月度验收、双月验收和季度验收。阶段性验收包含复盘本阶段的运营战术、核算付费数、付费率、用户增长绝对值、单个用户的获取成本、从单个用户获得的平均收入等指标，运营人员要根据指标是否达到预期以及运营战术的实际执行情况，来评判运营战术是否有效。

通过验收，我们可以得知运营策略的效果，对于那些比较有效的运营

策略，我们要进行固化，比如固定在某平台推文，并把这部分工作划到常规固定工作的范围中。而那些相对低效的运营策略，就应该被舍弃或者被重新调整。

当第六步结束后，我们又会再次回到第一步，针对新阶段的运营目标进行一轮新的循环，六步流程便形成了一个完整的闭环。

在本节中，我们已经了解了整个产品成长期的运营方法，也对成长期产品的多变和复杂性有了一定的认识，只要通过运营，在成长期为产品打牢基础，产品就会更快地走向成熟。

4.5 成熟期运营：搭建运营体系

在对的时间做对的事，这不仅是为人处世的黄金法则，也是成功运营的关键原则。在移动互联网大发展的时代潮流下，有的企业成了站在浪头的弄潮儿，有的企业却被远远抛下。就是因为，有的企业在正确的时间做了正确的事，而有的企业却做了错误的选择。

所以，我们应该在产品的不同生命周期里，设定不同的运营核心目标。那么产品成熟期的运营核心目标是什么呢？

当我们度过最初的探索阶段后，常规的运营工作就会变得越来越多，工作内容也会变得越来越细致和繁杂。此时，我们的核心任务就是把运营工作做得更加有序，包括拉新和用户维护在内的工作环节都应该划分得更精细。

目前，业界主流的观点都认为成熟期的产品运营核心目标是提升和维持用户的活跃度。这种观点真的合理吗？接下来我们将对此进行深度解读。

产品一旦进入成熟期，就意味着盈利的时候到了，所以整个团队在产品成熟期的工作重点一定是提升盈利能力，这是毋庸置疑的。产品的盈利能力又取决于用户的活跃程度，所以很多业界人士都认为用户活跃度是产品成熟期运营的核心指标。

理论如此，那么我们再回到现实。现实告诉我们：当一款产品处于成熟期时，市场上便会涌现无数个同类产品。外卖平台火了，就有无数人涌入，互联网巨头们也加入了这场“大战”；直播火了，仅 2016 年一年，国内便出现了 200 多家创业公司，到了 2018 年这些公司却已经所剩无几。而新的风口行业，依然有人在前赴后继，这就是互联网行业的残酷现实。

在用户方面，成熟期产品的用户可以大致划分为两类：新用户和老用户。新用户就是那些可能摇摆不定的用户，他们使用了产品，但不一定会留下来。因为他们有可能同时体验了其他同类产品，并在心里默默地进行比较。所以我们先别忙着为新用户的增长而高兴，必须想办法留住他们。想要真正拥有这批用户，运营人员就要用最快的速度提升他们对产品的认知，俘获他们的心智。

老用户不仅忠诚度高，而且基本上都能理解产品的价值，但是随着时间的推移和同类新产品的不断涌现，他们有可能会逐渐变得“沉默”，甚至出现流失。在这种情况下，如果我们依然把提升用户活跃度作为产品成熟期的核心运营目标，展开一系列活动进行“促活”，并通过各种渠道“骚扰”这批老用户，会达到我们想要的效果吗？

常见的“促活”运营方法有通过举办活动、发邮件、发短信、发私信、客户端推送等手段刺激“沉默”的用户，这些方法不能说完全无效，但与投入成本相比，多是得不偿失的。这类“促活”手段往往治标不治本，很容易与“沉默”用户的需求脱节，用不了多长时间，用户就会产生抗拒心理。

当“促活”变成了“骚扰”，用户也会变得麻木，我们的很多工作也就变成了无用功。以我们手机中那些被忽视的“促活”短信为例，它们唯一的价值就是告诉我们产品还“活着”，还在持续不断地打扰着我们。

对于这些“沉默”的老用户，“促活”必须从产品本身的价值入手。运营人员要通过与用户的密切接触和对用户的深刻洞察，协助产品经理规划出新的产品功能，让产品更符合时代的发展趋势，使之绽放出新的生命力。

总而言之，把“提升活跃用户数”作为成熟期核心运营目标看似合理，但在实际工作中却显得有些不接地气，它会对运营人员产生误导，使我们的运营活动同用户需求脱节，让我们的视野变得狭隘。

除此之外，移动互联网时代的产品更新换代越来越快，其中以娱乐类产品最为突出。新的同类产品层出不穷，相应地，有关产品的用户生命周期也会越来越短，基于上述分析，我认为产品成熟期的核心运营目标应该缩短从新用户至老用户的养成时间和拉新。

那么，有人可能会问，产品的盈利工作由谁来负责呢？其实，在大部分公司里，实现产品盈利的工作都是由销售或商务部门负责的，他们面向的才是真正意义上的客户，工作内容会涉及广告定价、销售渠道分成、市场营销、商务谈判等，与运营部门的分工不同，运营人员的核心工作主要围绕产品用户来开展。

1. 缩短新用户至老用户的养成时间

产品一旦进入成熟期，就已经具备了良好的口碑和较好的用户基础。此时，体验门槛低的产品已经占据了大片市场，体验门槛高的产品也已经把门槛降至最低，所以我们需要着重考虑新用户“从体验至习惯”环节的养成。

（1）用户的主要关注要素

在此之前，我们先来思考一个问题：在产品的成熟期，为什么新用户会在大批同类产品中选择这个产品？用户真正在意的是什么呢？为了为大家解答这两个问题，我根据主流产品各自的特性，将它们分成了九大类，并分别概括了它们的要素，如表 4-3 所示。

表 4-3　不同类型产品下用户在意的关键要素表

产品类型	典型产品	用户在意的关键要素
O2O 工具类	美团外卖、滴滴出行	服务体验、价格
应用工具类	美图、58 同城	便捷性、安全性、易用性
电商类	淘宝、天猫、京东、当当	稀缺、价格、服务
人际社交类	微信、微博、QQ、陌陌	产品的使用关联性
内容社交类	知乎、豆瓣	质量、人气
资讯内容类	今日头条、网易新闻	质量、口味、频率、精准度、潮流、深度
泛娱乐类	抖音、秒拍、各大直播平台	娱乐、认可、鼓励
社交游戏类	因人多而好玩、带社交功能的网游	娱乐、认可、激励
体验游戏类	沉浸类、体验类的游戏	产品体验

表 4-3 列举了九大类的产品以及用户在意的关键要素，下文将对这九大类产品进行简单说明。

- O2O 工具类：对这类产品，用户最在乎的就是服务体验和价格。运营人员考虑的重点是，通过严格管理和合理激励来提升产品平台上的第三方服务质量，让用户感觉物有所值，并制定价格奖励机制鼓励用户持续使用产品。
- 应用工具类：对于应用工具类产品，用户最看重的是其便捷性、安全性、易用性，以及是否能解决问题，其次看重的是产品能否可以随时使用和分享，以及产品能否彰显自己的品位。
- 电商类：一般来说，用户对电商类产品的关注点在于其是否拥有稀缺资源，如是否有在别的店面买不到的产品、价格是否优惠、服务是否到位等。运营人员可以用优惠、特权和利润让利来激励用户持续使用产品，让用户体会到平台的优势。
- 人际社交类：用户选择人际社交类产品时，会重点考虑使用产品的用户中是否有自己认识和在乎的人。所以，人际社交类产品的运营人员应该向新用户推荐一些他感兴趣的明星或名人，或者他圈子里的熟人。

- 内容社交类：这类产品又叫作 UGC 产品，即用户生产内容的产品，所以，这类产品的用户很在意内容的质量以及自己在产品内的人气，运营人员要搭建好鼓励用户生产内容的激励机制，使产品中涌现出更多高质量内容，并以此抓住用户。
- 资讯内容类：用户对这类产品的内容质量要求也比较高，同时还会考虑产品中的内容是否符合自己的口味。这要求产品要有较高的更新频率和推送精准度，内容也必须符合潮流，且有一定深度。
- 泛娱乐类及社交游戏类：因为这两类产品的“用户在意的关键要素”是一致的，这里将对它们进行统一说明。在这两类产品中，比起“娱乐”本身，用户更在意的是和人一起娱乐，并通过竞争获得他人的认可和鼓励。所以，这两类产品应该突出竞争和社交功能。
- 体验游戏类：这类产品的用户十分在意产品的体验，运营人员可以反其道而行之，采取防沉迷措施，延长用户的生命周期。

（2）关于九大类产品的运营建议

九大类产品的运营策略各有不同，我根据自己过去的运营经验对此提出了一些观点和运营建议，探讨了缩短新用户至老用户的养成时间的策略，以供大家学习参考，希望大家在运营实践中能够制定出更好的运营策略，如表 4-4 所示。

表 4-4　缩短新用户至老用户的养成时间的策略

产品类型	缩短新用户至老用户的养成时间的策略
O2O 工具类	提供绿色通道、高质量服务体验、价格监管、高频使用奖励、引入 UGC 属性

续表

产品类型	缩短新用户至老用户的养成时间的策略
应用工具类	高频使用特权（更多功能和资源）、对持续使用行为进行物质化奖励、攀比刺激、引入 UGC 属性
电商类	高频使用特权（稀缺商品购买权）、持续使用加成奖励、引入 UGC 属性
人际社交类	推荐“用户在意的人”、熟人社交链、攀比刺激、引入 UGC 属性
内容社交类	在第 5 章做专题论述
资讯内容类	有限提现“稀缺资源”、高频使用特权（稀缺内容阅读）、引入 UGC 属性
泛娱乐类	攀比刺激、对持续使用行为进行虚拟化或物质化奖励
社交游戏类	攀比刺激、对持续使用行为进行虚拟化奖励
体验游戏类	限制用户的日使用时间、对持续使用行为进行虚拟化奖励

从表 4-4 中，我们可以发现几个有价值的点。第一点是表格中高频率出现的“引入 UGC 属性”，从它的出现频率我们就可以看出这个策略的有效性和应用的广泛性，它可以说是提升用户黏度的“撒手锏”，我将在第 5 章进行有关内容运营的专题论述。

第二点是“对持续使用行为进行虚拟化或物质化奖励”，这是培养用户习惯的另一张“王牌”，这个策略实施的关键在于结合产品特性、分析用户最在意的点，而不是无差别地进行“物质化激励”。

例如，对于价格敏感型的用户，现金刺激或优惠措施会非常有效，但是对于稀缺性资源敏感型的用户，用稀缺资源（商品、内容、虚拟化奖励等）进行奖励和刺激会产生比较好的效果。当然，对那些会使人沉迷的产品，如游戏等，“限制使用时间”也是一种制造稀缺性的方法。

在这里，我必须要强调产品本身的重要性，脱离了产品的运营工作就是无根之木、无源之水。产品体验、产品价值永远都是核心，运营只是外在的辅助手段。如果我们在与用户打交道的过程中，发现了产品层面的问题，便一定要高度重视，督促产品和研发部门尽快对产品进行调整和优化。

2. 产品成熟期的拉新策略

新用户能够为产品注入大量新鲜血液，所以，运营人员还要对非用户投入更多的关注，分析这些非用户为什么不选择我们的产品？竞品吸引他们的地方到底在哪里？只有明晰了这两个问题，才能制定出有效的拉新策略。

我们在拉新的实际操作的过程中始终要做到有针对性，要找到最合适的发力点。处于成熟期的产品，不仅要面对接近饱和的市场，还要面对层出不穷的竞品，因此，它要吸引新用户十分不易，很多运营人员也在产品成熟期的“拉新”问题上感到迷茫。

在此，我为大家提供两个拉新策略。

（1）将新的趋势和热点与产品结合

我们都知道陌陌这款 App，它因为主打“陌生人社交”功能而成为“爆品”，经过不断发展和沉淀后进入了成熟期。随后，陌陌又紧紧抓住了直播的风口，把直播热点与自身的社交属性相结合，焕发出了蓬勃的生机。

2015 年 9 月，“陌陌现场”正式上线；2015 年 12 月，陌陌开动红人直播；2016 年 4 月，陌陌开放了全民直播。在这短短的时间内，陌陌实现了月活跃度近 3000 万人的绩效，这在当时是一个非常出色的成绩。因此，将新的趋势和热点与产品结合，能够有效地促进产品成熟期的拉新目标的完成。

（2）从产品衍生品切入，进行垂直突破

改进产品功能，也是一个拉新的好办法，但是，要对一个已经进入成熟期的产品进行全局改动是不现实的，因为这里面要牵涉的层面太多，而且有的产品也很难再有大的突破。那么我们应该如何破局呢？

运营人员不妨从产品衍生品切入，进行垂直突破。很多垂直品类衍生品的用户需求是值得深挖的，我们可以通过衍生品来吸引新用户，开拓出另一番新天地。

第 5 章

社交化运营：走出“双微”，玩转全社交平台才是王道

目前，大多数互联网企业、中小电商都会把精力集中在“双微”（微信、微博）运营上，然而，在信息碎片化的今天，这样的运营方式也只是社交化运营的起点。因为如今新媒体和新社交平台蓬勃发展，内容的传播模式发生了巨大的变化，人际关系网也成了大众传播的重要基础设施。所以，互联网企业和中小电商应及时做出改变，一方面要从“双微”运营的局限中走出来，另一方面要探索社交化运营的新趋势。社交化运营不仅仅是权宜之计，还是一个长期的运营策略。

5.1 “双微”只是起点，全社交平台运营才是王道

互联网运营，永远都绕不开“双微”，第一个“微”是微博，它诞生于 2009 年，中国互联网的 Web 2.0 时代从此拉开了序幕。2011 年，中国社会化营销开始在微博这块肥沃的营销土壤里生根发芽，并结出了丰硕的果实。在那个时代，几乎所有的运营人员都在谈微博营销，可见微博营销在当时

的火爆程度。

但这一切都在 2012 年 8 月发生了变化，微信公众平台在此时上线了，微信营销也在此后完成了强势崛起，一举超越了微博营销。

2013 年，“双微”运营成了中国社会化营销的两大主要“阵地”，大部分的社会化营销都围绕着微博、微信和它们形成的 KOL 生态开展，这种格局保持了很多年。

然而，移动互联网的发展却打破了“双微”称霸的格局，社交网络的“江湖”开始“群雄并起”，呈现出多元化、复杂化的特点。陌陌、知乎、秒拍、映客直播、抖音等具有社交属性的移动应用纷纷出现，与过去的“双微”共同构成了移动互联网时代的社交媒体新生态，这为社交化运营的产生奠定了基础。

1. 局限于“双微”运营的三大弊端

2019 年，中国社交媒体这片“江湖”依然风云变幻，虽然“双微”在用户的心目中依然有不可取代的地位，但是更多的其他社交应用已经走进了用户的日常生活。在今天的社会中，一个人在一天中很可能会用到多个社交 App。

一天 24 小时的时间被不同的 App 切割成碎片，用户接触产品信息的渠道也越来越多样化。在这种新形势下，社会化营销的局面也发生了变化。在移动互联网时代，用户的注意力几乎都放在了移动端的社交媒体应用上，我们的运营“阵地”也应该发生变化，用户在哪里，我们就应该在哪里，社交化运营应运而生。

如果运营工作依然固守在“双微”平台上，我们就会丧失大量和用户接触的机会，这种已然单一的运营策略，存在三个明显的弊端，如图 5-1 所示。

图 5-1 “双微”运营的三大弊端

（1）覆盖面有限

虽然“双微”的用户数量加起来已经超过了 10 亿个，但是这 10 亿个用户却不会从早到晚地都使用微博和微信，他们还会把时间分给其他的应用。也许他们会在上午浏览知乎，下午使用网易云音乐，晚上还要玩抖音。那么，用户一天中使用微博和微信的时间就很短了，他们会因此错过“双微”渠道上的大量信息。所以，从产品运营的角度来说，目前微博和微信已经不能大面积覆盖目标用户了。

（2）内容形式受限

中国的社交媒体应用五花八门，社交网络的环境也非常复杂。热门的运营方法也在不断发生变化。2011 年微博营销，2013 年微信营销，2016 年直播营销，2018 年短视频营销……“双微”运营无论在内容上，还是在形式上都显得越来越有局限性。面对不断变化的营销热点，运营人员一定要主动求变，在内容和创意上做到与时俱进。

（3）圈层传播受限

虽然“双微”如今依然覆盖着最主要的用户群体，但不同圈层的用户，对它们的依赖程度却是不一样的。有一些小众人群的主要“聚集地”并不在“双微”，如果我们的目标用户是他们，就要找到更精准的投放渠道。例如，我们的目标用户是高学历、追求文艺和情调的人群，那么我们还可以选择豆瓣、知乎等平台，不要只把目光放在“双微”平台。“双微”平台覆盖的用户群体虽多，但却不够垂直。面对小众的目标用户，我们要“精耕细作”。

2. 全社交平台运营才是王道

在今天这个社交媒体新势力不断涌现、信息碎片化的时代，互联网运营人员要积极地做出改变，从“双微”运营的旧格局中走出来，紧跟全社交平台运营的新趋势，探索社交媒体运营的新方法。社交化运营可以说是恰逢其时，运营人员一定要抓住这个风口，利用多个渠道做好全社交平台运营。

目前，我国互联网上的内容主要有这样几种形式：长文、短文、图片、问答、短视频、长视频、直播等。基于这样的内容表现形式，社交化运营形成了由微博、微信公众平台、今日头条、抖音、知乎、豆瓣、网易云音乐、贴吧、斗鱼直播等社交媒体应用组成的矩阵。

当然，中文社交媒体也有其复杂性，很多不同的社交媒体都有各自的特点，运营人员不需要兼顾某些产品的所有方面，而要根据品牌的调性、产品的特征和目标用户的需求去寻找合适的社交媒体。

如果社交媒体是一个个不同的“小镇”，“居住”在这些小镇里的“居民”们的身份、特点和爱好也各有不同。运营不同的产品自然就要根据“居民”的需要到不同的“小镇”去宣传。

如果产品的调性是偏文艺的，运营人员就要考虑把豆瓣作为主要的运营平台。例如，各种话剧院、艺术中心、美术馆就在豆瓣的同城页面投放了广告。

如果产品的知识性比较强，内容也偏专业，运营人员就可以把知乎作为主要传播平台。例如，西门子公司在知乎上发布了一篇关于风力发电机的文章，获得了 500 多个赞和 100 多条评论。但是，同样的内容在微信公众号上只获得了 20 多个赞。科普性质的专业内容的运营，显然更适合在知乎上开展。

“双微”的用户数量虽然多，但是覆盖的是大众圈层，在涉及某个相对精准的目标用户群体时，它们能发挥的作用并不大。

中国各社交平台特点对比如表 5-1 所示。

表 5-1　中国各社交平台特点对比

平台	内容形式	用户城市分布	主要用户圈层
百度贴吧	图文	一、二、三线城市全面覆盖	“90 后”“00 后”年轻用户
豆瓣	图文	一、二线城市为主	高学历、高收入用户
新浪微博	图文、视频	一、二、三线城市全面覆盖	大众圈层
微信公众号	图文、短视频	一、二、三线城市全面覆盖	大众圈层
秒拍	短视频	一、二线城市为主	年轻女性群体
陌陌	图文、视频、直播	一、二线城市为主	“90 后”“00 后”年轻用户
今日头条	图文、短视频	二、三线城市为主	中青年城市白领
知乎	图文、视频	一、二线城市为主	白领、知识分子
抖音	短视频	一、二、三线城市全面覆盖	大众圈层

相比“双微”运营，全社交平台运营策略的优势有如下三点。

（1）形式更多样

全社交平台运营的形式不仅有文字和图片，还有问答、短视频等，可以使得社交化运营的内容更加丰富、形式更加多样。

（2）用户圈层更精准

全社交平台运营可以让内容投放得更精准，让产品得到更多目标用户的关注，从而实现更高的用户转化率。

（3）覆盖面更广泛

在信息碎片化的当今时代，全社交平台运营能覆盖更广的渠道，增加产品和用户的接触点。

全社交平台的社交化运营已经成了一种必然趋势，运营人员必须抢占更多此领域的“阵地”，修炼更多的技能，以灵活地运用各个不同的社交媒体渠道，实现更高的运营目标。

5.2 流量运营：提升用户流量转化的“三板斧”

流量是产品运营的刚需，任何内容都需要流量，有流量才有价值。从互联网产品定位的三个维度“刚需、痛点、高频”来看，流量完全可以成就一款超人气的互联网产品。本节中我们所说的流量，指的是线上流量，一般来说，线上流量可以分为以下三类，如图 5-2 所示。

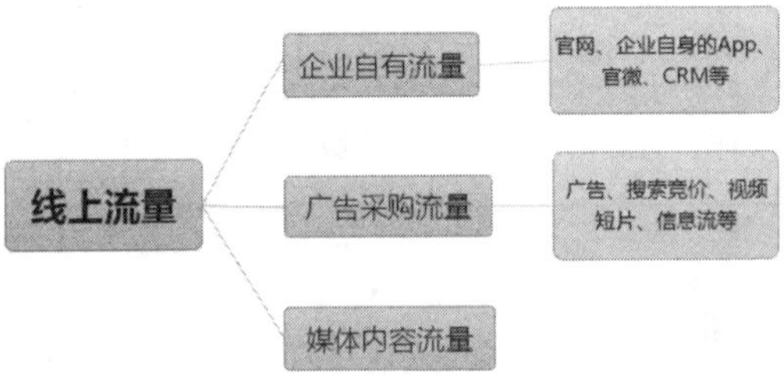

图 5-2 线上流量的分类

互联网的流量时代经历了一段从野蛮生长到集体狂欢，再到黯然沉寂的历程。从 2014 年至今，移动端流量也再次被少数互联网巨头瓜分，因为优质流量被瓜分殆尽，获客成本也从几元飙升至几百上千元。而许多互联网企业却依然面临着流量生存底线的困境，只能徘徊在“生死线”上。

这些挣扎在困境中的企业还有东山再起的机会吗?

用户流量对企业和产品来说如此重要，很多运营人员都把流量当成了必须攻克的堡垒，那么，我们在运营工作中要如何迅速地提升流量呢？在此，我为大家归纳总结了“提升用户流量转化的‘三板斧’”。这“三板斧”分别是内容引导、工具运用和链接追踪。

接下来，我将详细讲解运营工作的三大实操方法。

提升用户流量转化的三板斧，即运营工作的三大实操方法。在具体展开之前，我们先来了解这“三板斧”分别有哪些作用，如图 5-3 所示。

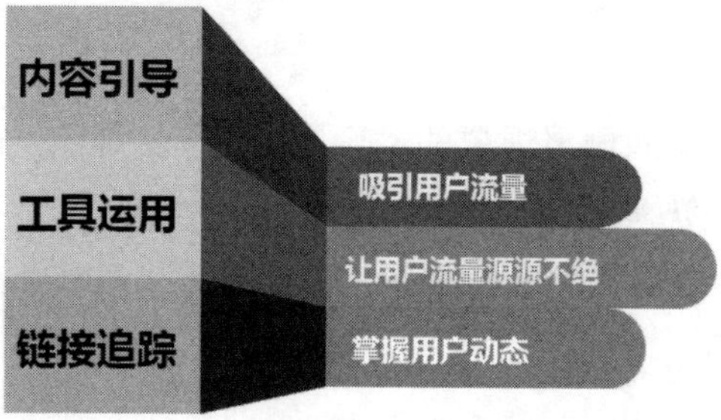

图 5-3　提升用户流量转化的三板斧

内容引导：可以吸引用户流量，扩大传播范围，获取优质的、有价值的流量，提高用户转化率。

工具运用：可以提升运营效率、扩大宣传范围，让用户流量源源不绝。

链接追踪：它可以帮我们追踪用户行为轨迹，掌握用户状态，让用户的动态尽在掌握。

（1）内容引导

流量运营一定要以内容为依托，内容本身不能创造价值，但是内容引导的用户流量却可以创造不菲的价值。很多互联网大咖都说过：内容是流量的永动机。

在后面的章节中会专门谈到“内容运营”，但是在这里我要从“引流”的角度来解读内容。只要我们看看微信公众号上的文章或抖音上的短视频就知道内容对用户有多么大的吸引力了。那么，什么样的内容才能成功吸引用户流量呢？这也是流量运营的核心问题之一。

一般而言，能够持续吸引用户流量的内容必须具有以下四个特点：有趣、有干货、颠覆、情绪。

① 有趣

有趣的内容才能让用户陶醉于其中，只有产品蕴含的内容让用户觉得有趣，用户才会持续关注产品，与他人分享其中的有趣的内容，并进一步使用产品。

例如，引发朋友圈刷屏现象的《啥是佩奇》就是“有趣”的典型代表。这段几分钟的小短片笑点多的同时又不失温馨，吸引了一大批人观看和转发，通过这部短片，大家了解了即将上映的电影《小猪佩奇过大年》，也产生了购票观看的好奇。

② 有干货

所谓“有干货”就是指能为用户带来价值的内容。这类内容往往具有很强的指导性和实用性。“干货”允许用户在实践中进行实操和验证，如果用户的验证是成功的，就会推动产品在更大范围内的传播，吸引另一波用户流量。

例如，我很喜欢一个叫作“下厨房”的微信公众号，通过上面的食谱我学会了很多美食的做法，为了学习更多菜谱，我下载了 App，并向周围不太会做饭的朋友推荐了这个“干货”满满的 App。

③ 颠覆

所谓颠覆，就是具有冲击性、能够改变人们现有认知的观点和事实。当用户看到这样的内容时通常会产生“哇，竟然是这样的”的感慨。这类内容可以满足用户炫耀和标榜个性的需求，所以更容易被分享和传播。

例如，“罗辑思维”就凭借着颠覆性的内容在用户间广泛传播。面对不了解的新事物，人们的内心会产生一种焦虑，生怕自己跟不上时代了，有了这种焦虑，需求自然也就产生了，有了需求，流量也就随之而来了。

④ 情绪

调动情绪、制造情绪，让用户对内容产生强烈的共鸣，也可以达到吸引用户流量的目的。很多时下流行的“爆款”文章几乎都采用了“引导用户情绪”的套路，不过，我们应当避免煽动负面情绪，而是要给用户带来快乐、向往、好奇、惊喜等的正面体验。

做流量运营离不开内容，无论是图片、文章，还是广告、视频，只要足够有趣、有价值、有颠覆性，可以引起用户情绪的共鸣，都能起到吸引用户流量的作用。

（2）工具运用

很多新用户都是从第三方渠道上找到并了解产品的，所以，运营人员要熟练掌握相关工具和方法，善于从第三方渠道获取更多新用户。运营人员要自备或运用第三方渠道提供的工具把产品放到第三方渠道上进行宣传和运营。

如果我们把第三方渠道当作一个鱼塘，把用户当作在池塘中游泳的鱼儿，我们的目标就是捕获他们，所以我们要借助一些工具。我们可以总结出这样一个公式：用户（鱼）=渠道（鱼塘）+方法+内容+工具，如图 5-4 所示。

例如，百度搜索获得的用户（鱼）=百度（鱼塘）+竞价获客方法（方法）+推广物料（内容）+竞价搜索（工具）；微博获得的用户=微博（鱼塘）+微博运营策略（方法）+微博文章（内容）+微博官方账号（工具）；等等。

图 5-4　从第三方渠道获取用户流量的四大要素

不过，“鱼塘”里的“鱼”有大有小，也是会不断转移的，所以运营工作的内容和方法也需要升级，工具也需要更新。总之，要获取更多新用户，第三方渠道、内容、方法和工具四者缺一不可。

由于很多客观因素，渠道和用户很容易出现变数，难以完全掌控。但工具和方法却是我们运营人员可以通过努力学习来掌握的，只有及时掌握最新的获客方法和获客工具，才能获取更多用户流量。例如，我们要及时关注“竞价省钱方案”“防流量作假工具”“微信公众号排版工具”“短视频剪辑工具”“获得 10 万+阅读量的方法”等运营工具和方法类的动态信息。

除此之外，我们还要学会抓“软肋”，也就是不管是第三方渠道的规则漏洞，还是用户的人性弱点，只要抓准了这两点，也可以吸引用户关注，获取用户流量。例如，某电商网站上的“1 元购+邮费”模式和某软件的“免费资料+产品下载”模式，这两种模式中，前一项是噱头，后一项是获利点，两者结合就可以打动用户。

（3）链接追踪

链接追踪，就是在保证合法且不泄露用户信息的前提下对用户和产品的链接进行追踪和汇总，全方位分析用户的行为和状态。链接追踪分为以下三个步骤。

① 搭建用户渠道

我们要先定位用户的位置，然后再找到用户路径，最后搭建用户渠道。

用户的位置可以根据网络上的流量数据和产品目标用户来寻找。用户发现和找到产品的途径叫作用户路径。例如，用户是通过百度搜索找到产品的，那么用户路径就是：百度搜索——需要的信息——点击浏览产品页面；如果用户在微信朋友圈看到产品信息，再通过百度搜索找到产品，那么用户路径就是：微信朋友圈——百度搜索——需要的信息——点击浏览产品页面。

用户位置和用户路径都找到了，接下来就要开始搭建用户渠道了。如果我们把用户渠道当作一条公路，那这条公路还需要有轨道、站点和车。

以百度竞价搜索获取新用户的过程为例，创意是始发站，咨询注册是终点站，ULR（网页地址）是轨道，着陆页是车。很多企业和产品的着陆页十分美观，但却没有考虑到实用性，用户看得“眼花缭乱”，却找不到重点。要知道车的主要功能是载客，所以着陆页在设计上要能够让用户得到有价值的信息，并且能顺利地把用户“载”到“终点”，避免用户中途“下车”。

② 监测用户行为

运营人员可以监测到用户的行为记录，这个行为记录是运营工作中的重要数据，同时也能为其他部门的相关工作提供参考。监测用户行为主要是关注用户从哪儿来，做了什么，留下了什么，要到哪儿去。监测用户行为可以知道用户的来意，产品是否达到了用户的期望，以及用户是否愿意为产品付费等信息。监测用户行为的内容如表 5-2 所示。

表 5-2　监测用户行为的内容

用户行为监测维度	用户监测内容
从哪里来	宣传渠道、入口页面
做了什么	是否咨询付费、重点监测已咨询未消费和未咨询已付费的用户
留下了什么	用户留下的信息、好评、点赞等
要到哪里去	认真统计分析，找到用户因客观事件离开的原因

如果我们通过收集的数据发现用户行为异常，就可以根据数据对产品或服务进行调整。当然，除了正常用户，水军和黑客也有可能冲击我们的渠道，但我们可以通过分析用户行为数据发现这些异常访客，并清除他们。

③ 追踪转化效果

在运营环节，运营人员通过宣传推广可以为产品带来流量，并且实现一部分用户的转化。这些用户的信息有可能是在网站注册时留下的，也可能是在扫描宣传二维码时留下的个人信息。当用户留下电话号码、家庭住址等个人信息时，我们就认为这个用户已经被转化了。

追踪转化效果时，要关注“线上转化”和“线下转化”两个方面。线上转化就是用户可以通过线上通道，在线进行咨询和付费，或者下载和注册产品。

线下转化是通过一系列线下活动，如会议营销、进店咨询、派发传单等运营手段，进行用户转化。线下转化的成本较高，但是有时候会更加精准。例如，外卖送餐类应用的运营人员会选在写字楼周边做注册送礼品的活动，因为这家公司的目标客户就是年轻白领。

以上就是流量运营的“三板斧”，我们在做流量运营时，还有一个不能忽视的要素：投入产出比。

投入产出比就是投资回报率（ROI），它的计算公式是这样的：

投资回报率=年利润或年均利润/投资总额×100%。

对产品运营来说，投资回报率是衡量渠道优劣的唯一准则。例如，我们在百度推广投入 1 万元，就可以通过数据清楚地知道有多少访客浏览了我们投放的内容，这些访客中又有多少人转化成了用户，这些用户又为我们带来了多少利润，有了这些数据，我们就能计算出投资回报率。

事实上，不考虑投资回报率的运营推广都是在做无用功，或者是在做恶性竞争。假如有这样一块广告牌，每天有 5 万人会经过它，这样算下来，一年就有约 1800 万次的浏览量。看起来这块广告牌似乎很适合投放广告。可是，经过深入思考，我们就会发现很多“漏洞”：经过这块广告牌的 5 万人都是些什么人？他们对相关产品有需求吗？他们中有多少人能通过广告牌了解相关产品？又有多少人会尝试使用相关产品？投入 1 万元后，能产出多少利润？

经过深入思考后，我们会发现自己对这块广告牌的了解是粗糙的，所以，我们在运营工作中一定要经过慎重考虑后再做决定，要充分考虑投资回报率是否能达到预期。

流量的红利期已经过去了，获客成本也一再增高，所以，过去那种简单粗暴的流量运营方法已经不再适用了。现在，我们要借助内容、数据和渠道做精细化、精准化的流量运营。

5.3　内容运营：如何在饱和的内容地带找到新的突破口

在本节中，我要解读对运营工作来说非常重要的部分——内容，它在整个运营工作中无处不在，没有内容，就谈不上运营。小到一个文章标题、一幅横幅广告、几句产品描述，大到一篇文章、一个网站上的分类目录、一个活动策划方案，等等，这些都是内容。

如果说运营目标、运营方法是“灵魂”，那么内容对于运营工作来说就是“肉体”，是绝对不可缺少的。其实，内容运营并没有有些人想象的那么高深，它已经成了我们运营人员的“日常”，每天都会出现在我们的工作中。

事实上，我们在日常生活中，也会进行“内容运营”，比如我在写本书时，要仔细斟酌每个章节的标题，希望它们能吸引读者来阅读。在你找工作时，你也会润色自己的个人简历，这同样也是在做“内容运营”。

我之所以把内容运营放在“社交化运营”的章节里来讲，是因为内容运营对于社交化运营来说，更为重要。业内称“无内容不社交”，可见内容运营的重要性。

在此，我将为大家讲解，站在社交化运营的角度，如何在饱和的内容地带，找到新的突破口。

我结合自己在亚马逊和京东的内容运营实践，把内容运营分成了以下五大步骤，如图 5-5 所示。下文将探究每一步骤的关键点、细节和实施技巧。

图 5-5　内容运营五大步骤

1．形成定位和调性

要做好内容运营，就必须关注“一短一长”，“一短”是指短线内容运营，也就是尽最大努力让内容获得关注和认同，例如，你绞尽脑汁写出了一篇深度好文，读者看了以后能产生很大的共鸣，进而纷纷转载和分享。“一长”是指长线内容运营，就是以一系列长期稳定输出的内容为载体，提升自己在用户眼中的辨识度以及知名度，并获取用户信任。

为了做好“一长”，我们必须要明确什么内容能写，什么内容不能写，还要让自己的内容形成特有的风格，这就叫作内容的定位和调性。一旦内容的定位和调性形成并稳定了，我们运营的产品或品牌就能够在用户心中占据一席之地，而这会大大降低建立用户认知的成本。

内容的定位和调性的形成有以下两大难点。

第一个难点是找差异，让自己的内容具有独特性和差异化的特征。“找差异”的内在逻辑和产品定位其实是一样的，市场上的同类产品有很多，要让用户记住并识别本产品，就要有自己的独特之处，只有与众不同，与其他产品有差异，才能给用户留下深刻的印象。

第二个难点是把“调性”落到实处，找到正确的发力点。要做到这点其实很不容易，因为“调性”这个东西毕竟看不见摸不着，要找准它并落地实施，一点也不简单。

内容的调性就像是人的性格，要通过行为才能表现出来。我们要让内容的“调性”变得更鲜明、更标签化，所以我们要从内容中提取一些有鲜明特点的标签，再用具体的行动和措施去表现和支撑这些标签。

在这里，我将结合自己运营京东微信公众号的经历，来具体解析如何把“调性”落到实处。在运营微信公众号时，我和团队希望它可以具备如下标签。

- 原创：微信公众号中 80%以上的内容都是原创。
- 有实例：60%以上的内容都是真实的产品和运营案例，包括分析、评论和方法分享。
- 有态度：微信公众号的内容会持续强调和输出态度：“行胜于言”“唯有爱与用户不可辜负”。
- 有情趣：微信公众号中有 10%～20%的趣味性内容。
- 有温度：偶尔也会发人文关怀类的内容。

结合已经明确的定位和调性，我们给微信公众号打上了以上标签，并在内容输出中按照标签进行精细的界定，以此来呈现和凸显上述的每一个标签。

2. 生产内容、管理内容

内容生产主要分为两类：第一类是 UGC，即用户生产内容；第二类是 PGC/OGC，即专业/职业生产内容。UGC 包括大家很熟悉的微博、知乎、贴吧、bilibili 等，它本身就是一种商业模式，这部分内容在前文已有解读，这里不再多做阐述。

对 PGC/OGC 内容来说，专业能力和职业背景是产销出优质内容的关键。专注于内容运营的人要让自己的内容更优质，就要选择自己熟悉的行业，或者去熟悉自己正在做的行业。也就是说，不深入了解行业和产品，是做不出优质内容的。

生产出优质的内容以后，我们还要对内容进行有效管理。因为，当内容量越来越大、种类越来越多、投放越来越精细化时，工作量和工作难度也会越来越大，如果我们不能对内容进行有效管理，就会出现手忙脚乱的情况。面对大量的内容，我们要怎样把它们管理得井井有条呢？答案是对内容进行分类管理，具体步骤如下。

（1）按内容所处的结构分类

如果一家公司里有好几个项目部，每个项目部又有若干个产品。那么有内容要发布时，公司层面的宣传就是第一层，项目部层面的介绍是第二层，产品的内容是第三层，具体某个活动的内容是第四层。形象地说，就是把内容放进不同层级的文件夹中，我们可以自行按层级搭建内容资料库，也可以使用第三方文件管理系统来实现内部资源共享。

（2）按内容的展现类型分类

把内容按结构分类后，还要再根据内容的展现类型来进行二次分类，如图文资料、营销话术、软文、新闻稿、小视频、优惠方案等。

千万不要认为内容处理是一件小事，也不要因为它的烦琐而不去做，只要养成了分类的好习惯，整理内容便花不了多长时间，而且日后我们使用内容资料时也会更加便捷。

3. 呈现内容

内容的呈现涉及呈现的节奏和呈现的渠道两个方面。

（1）呈现的节奏

内容呈现的节奏是根据具体的运营策略来定的，没有固定的“公式”可套用。从宏观的方面说，内容呈现的节奏取决于产品的生命周期、产品的属性、用户的特征、市场环境等。从微观的方面说，内容的呈现节奏必须保证稳定。

这里的“稳定”是指：内容质量稳定、更新频率稳定、投放渠道稳定，结合产品来看，内容中对产品的定位也要稳定。强化用户记忆的最好方法就是“反复刺激”，所以，我们要始终保持“刺激”的频率和强度，通过内容运营为产品持续“加热”。

（2）呈现的渠道

内容呈现的渠道分为三大类：外部免费渠道、外部收费渠道、自有产品渠道。

① 外部免费渠道：主要包括 UGC（用户生产内容）属性的媒体或平台，或者是围绕某类产品和工具形成的圈子或者群。

② 外部收费渠道：目前，主要的外部收费推广渠道有新浪微博粉丝通、腾讯社交广告、百度推广、网盟、今日头条、网易 DSP 等，也包括线下渠道如分众传媒等。

③ 自有产品渠道：包括自有产品的 App 应用、官网、官方微信公众号、官方微博、各类平台官方账号、官方网店等，呈现方式可以有消息、弹窗、推荐等。

这三种渠道有各自的特点和适用场景，不能简单地说免费的就好，收费的就不好，要知道产品进入成长期以后，主要的推广渠道都是收费的。但无论是收费的，还是免费的，只要是外部渠道，我们都要集思广益地将其中的潜在用户导入我们的自有渠道中去。

我们在选择渠道时要懂得取舍（战略合作渠道除外），切忌多而不精，要有针对性地重点发展一两个渠道。判断渠道是否合格的唯一标准就是数据，对那些数据太差的渠道，不应该投入太多的时间和精力。

4. 扩散内容

当我们精心准备了内容，也找好了渠道，并把内容展现给了用户之后，还要想方设法地通过用户把内容扩散出去。

传统的用户扩散是口口相传，互联网时代的用户扩散是转发和分享。互联网运营领域中内容扩散的核心任务就是促进用户去转发、去分享。要让用户积极扩散，主要还是要靠内容本身，但是我们的内容不可能每篇都那么精彩，所以我们还需要运用一些小技巧去引导用户扩散。

（1）暗度陈仓

这一招必须通过产品的技术设计才能实施，即把转发和分享的功能设置得非常隐蔽，使用户在无意中完成转发。例如，通过技术设计，使用户在进行某项操作时，自动触发“站内通知好友”的操作。

（2）动之以情

这一招是通过向用户“示弱”来博取用户的同情，请用户帮助自己完成转发指标。例如，运营人员向用户吐槽加班的辛苦，或者告诉用户转发量达不到要求老板要扣工资等。这种方法有时会起到一定的效果。

（3）“威逼”利诱

这一招的关键是把转发设定成必要规则，让用户在获取利益之前必须完成转发的动作。如果用户想要拿到奖品，或者进一步获取信息，就必须把规定的内容转发给自己的好友。

5. 让用户落地

运营工作的中心就是用户，我们前面做的所有工作都是为了用户，所以最后一定要让用户来到产品的落地页，所谓落地页就是用户在其他地方看到软文、活动、优惠等有明确营销主题的内容以后，点击到达的第一个页面，这个页面通常是 App 的下载页、产品的支付页、用户的注册页、信息的登记页、公众号关注页等。让用户来到落地页的目的是为了实现用户的转化，所以运营人员一定要给用户留下与产品深入接触的明确途径，最少也要留下一个联系方式或者二维码。

这是最基础、也是最重要的一步，但是在实际操作中，还是会有不少运营人员把这一步给遗漏了。我在朋友圈里就看到过不少这样的例子，海报和图文都做得很漂亮，但是却没有落地页，“万里长征”都走完了，最后一步却“掉了链子”，运营效果当然也会因此大打折扣，实在是让人惋惜。

运转到这一步，一个完整的内容运营周期就结束了，后期数据产生后，运营人员再根据数据进行推动和调整就可以了。在内容运营的过程中有几个要点是运营人员需要注意的，我称之为“五要”，如下所述。

- 要以用户目标为导向。
- 要突出产品的核心价值。
- 要有内容展示的优先级。
- 要有设定引导扩散的环节。
- 要让用户产生落地行为。

有了“内容运营五大步骤”，熟练掌握这方面的理论知识，并不代表我们就能解决内容运营中可能发生的所有问题和难点。实践是理论价值的试金石，我们还要在实践中反复操练、灵活运用，以达到融会贯通。更重要的是，我们在内容运营中还要加入属于自己的思考，只有这样我们运营人员才能产生更多好的创意和方法技巧。

5.4　短视频运营：低成本获取几十万个用户的途径

多年来，我一直在摸索着最低成本的运营方法，无论是在亚马逊，还是在京东，我都试图用最省钱的方式来达成最好的运营效果。

我和我的团队曾经尝试过很多种运营措施，例如，潜伏到产品相关的微信群、QQ 群，先打入目标用户内部，取得他们的信任；在产品上线后再扮演“忠实用户”，再在社群中引导话题，通过这种方式可实现日新增用户数百人。

或者，在贴吧等社区发软文，输出产品相关的有趣内容，并联合 KOL 对内容进行扩散。如果策划得当，这类软文或帖子一般都会有 10 万次以上的阅读量和几千条评论，日新增用户能达到 1000～3000 人。

或者，做知乎、搜狗、百度知道的问答，利用搜索引擎接触用户。这种方式能将产品的特性和优势直接展示到用户面前，并能直接吸引有强烈需求的用户，实现直接转化。这种方法不容易控制变量，所以很难准确统计日新增用户，我预估日新增用户应为几百人。

或者，通过渠道或广告推广平台直接发布宣传稿，不管是收费渠道还是免费渠道都可进行投放。用这种方法一般能获得日新增用户 5000～8000 人。

通过尝试各种运营方式，我发现这些常规的运营手段如果做得好，一般可以在 20 天左右获取 10 万人上下的用户，当然，这还是在产品做得比较好的基础上。但我并不满足于此，我希望能用最低的成本，获得最多的用户。

我一直在思考：是否有一种途径，能让日新增用户达到 10 万人以上呢？此时，短视频进入了我的视野。自 2016 年起，短视频运营的热度就一直在持续上升，直到今天它已然占据着互联网运营的半壁江山。短视频的最大优势就是传播性强，可以轻松达到上百万的播放量，而且投放渠道广，转化率高。

发现了短视频的优势以后，我就开始研究短视频运营了。在京东，我也带领团队做过很多次短视频运营。一般情况下，做短视频运营之前，我们首先会对产品进行深度挖掘，找出那些有趣或者有比较大发挥空间的“点”。然后我们会请专业的机构或个人来制作短视频，当短视频制作并发布后，再请一些名人或 KOL 进行转发，并在其他渠道进行转载和投放。

在我看来，短视频运营和过去所有的运营方式一样，都是有“套路”的。凡是有“套路”的东西都是可以复制和学习的，接下来我就和大家一起来探究短视频运营的具体方法。

1. 短视频运营的三大思维

同样是做短视频运营，有的人可以轻松坐收千万用户，而有的人却是“竹篮打水一场空”，为什么人和人之间的差别会这么大呢？我认为关键在于思维方式和格局的不同，本书中一再强调思维方式的重要性，可以说，互联网运营成功的关键就在于思维方式和格局。

具体而言，方法是“术”，而思维方式则是“道”，短视频运营也有它的“道”，也就是三种思维：游戏化思维、平台化思维和场景化思维。

（1）游戏化思维

大家都玩过各种各样的游戏，游戏之所以吸引人，就是因为它有能吸引用户参与和体验的各种引人入胜的规则。把游戏的思维引用到短视频运营中同样是成立的，短视频运营要成功，就是要让用户感兴趣，想参与，想体验。游戏的脚本都是设定好的，用户会沿着设定的“路径”走下去，并在这个过程中更加深入地体验游戏。在短视频运营中我们也可以设定好相应的“路径”来引导用户。

所以，在进行短视频运营的过程中，游戏化思维对于运营人员来说也是非常重要的。这种思维方式可以帮助我们拉近与用户之间看似“遥不可及”的关系，制定有效的用户引导策略。游戏化思维还能引导我们从运营组件、运营机制、运营动力三个维度思考问题，如图 5-6 所示。

图 5-6　短视频运营运用游戏化思维的三个维度

运营组件是短视频运营的具体模块，包括内容、转发、点赞、评论等部分。

运营机制是实施运营组件的方式，它可以包括奖励机制、参与规则、活动策划等。

运营动力则是运营机制和运营组件的基本需求和宏观内涵，比如社交关系、情感、成就感等。

那么，运营人员在做短视频运营的时候应该怎样锻炼自己的游戏化思维呢？我们在思考问题或制定运营策略时，可以按照游戏化的思考路径来思考问题，这条游戏化的思考路径，可以帮我们迅速地找到短视频运营的关键，如图 5-7 所示。

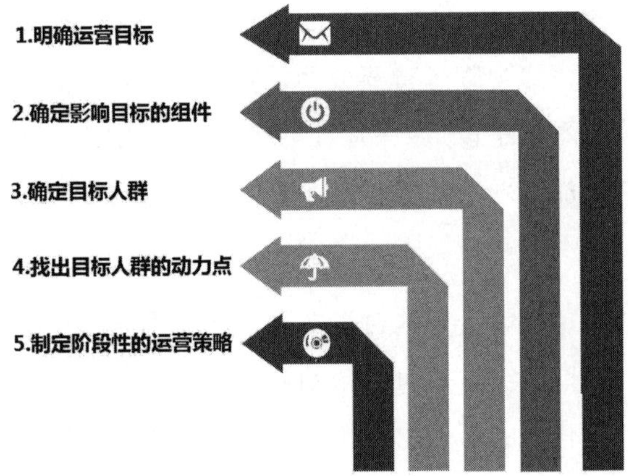

图 5-7 游戏化的思考路径

在此，我以一个案例来说明游戏化思维在实际操作中的作用。假设我们的短视频运营目标是“吸引‘00 后’用户，提升用户活跃度”。

明确了运营目标以后，我们根据游戏化思维，把“吸引‘00 后’用户，提升用户活跃度”的运营目标拆解成观看内容、点赞、文字评论、UGC 等组件，然后，再找到目标人群——在互联网环境中成长起来的“00 后”，他们的核心动力是自我认同和追求个性，行为习惯是看视频、选择性浏览。

根据以上内容，我们可以把运营策略拆解成以下几个部分。

① 通过合适的内容、吸引人的标题、精品推荐、KOL 引导等手段，吸引目标用户观看短视频。

② 通过“分享获得奖励”“优秀评论投票”等活动，使目标用户对短视频内容产生认同。

③ 开展 UGC 创作活动，并设计奖励机制，给参与活动的用户一定特权，以此提升目标用户的活跃度。

通过拆解，我们得出了提升用户活跃度的初步思路。但是，想要把短视频运营“玩”出花样，我们还需要另外两种思维方式。

（2）平台化思维

平台化思维是指开放性平台思维，也就是建立运营生态。企业创新转型策划大师、斯坦福大学教授谢德荪在他的著作《源创新》中阐述了商业地产和独栋建筑的区别。

独栋建筑可以满足用户的基本需求：有房子住就行。而商业地产则不仅提供住宿，还配套有各类店铺和休闲娱乐场所，有物业帮助住户处理各类琐事，有专业家政帮忙做家务、照顾孩子，等等。这些便利和优势不仅提升了房子的价值，还形成了一个完整的生态商业模式。

类似的生态商业模式还有很多，它们不仅能为用户提供多维度的服务，还形成了完善的多边形商业体系。“平台化思维”就是一种建立运营生态的思维。

有些企业运营人员还没有领悟到平台化思维的正确含义，认为平台化思维就是把产品的功能做到最全，把所有的运行方式都做一遍，想到什么就做什么，而不需要考虑运营效果和用户的需求。事实上，这样大包大揽地把摊子铺开后，运营者自己最终也会感到力不从心。这种“求大、求全”的思维方式并不是平台化思维。

真正的平台化思维是以产品为核心“输氧机”，联合用户、其他产品和商户、其他商业模式，形成优势互补，并共同追求利益最大化。这与安卓平台的开放式运行模式和传统行业中的地区代理模式有类似之处。

把平台化思维运用到短视频运营中，既要考虑到运营生态的整体性，又要考虑到运营生态的功能性，要让产品环境形成一个多元生态系统，让外部资源也参与进来，共同创造产品的未来。

（3）场景化思维

运营任何产品、开展任何运营活动都要考虑场景，目标、规则、结果反馈等环节都是场景的一部分。在短视频运营中，场景化思维是非常重要的。

那么，场景到底是什么呢？在互联网运营领域，它是指以用户需求为导向，在互联网虚拟世界和现实世界中形成的多样的价值连接方式。从这个定义中我们可以看出，用户的需求是场景化运营思维的指导方针。短视频运营中的场景体验包括了以下三个方面。

① 运营细节：每个小细节都会给整个运营过程和用户体验带来不可估量的影响，在短视频运营过程中，我们要注意每一个细节。

② 用户参与的节点：在适当的节点为用户提供开放的产品入口，让他们有机会体验产品。

③ 体验的真实度：在短视频运营中，有时候会运用到虚拟服务的手段，运营人员一定要注意保证用户体验的真实度。

2. 做好短视频运营的几大要点

有了系统的思路后，就要开始制定具体的运营策略了。我们在制定运营策略时，要注意以下八个关键点。

（1）短视频内容要脑洞大开

做短视频不仅要“走心”还要“脑洞大开”，我们在策划短视频内容时，除了要紧密结合产品的特点，还要注意内容的趣味性和创新性。短视频除了要有“干货”，还要能吸引用户。短视频的内容可以走“接地气”的相声路线，也可以走“高大上”的科普路线，但无论哪种路线，都不能脱离产品的特性。例如，做教育类产品的短视频时，我们就可以借助科普类、历史类动画的内容与形式展开，形象生动，境界深远。

（2）控制短视频的长度

短视频的长度最好控制在 5 分钟以内，这样的长度不会占用用户太多时间，也方便他们在没有 WiFi 的时候观看。据调查，超过 90%的人不愿意用手机流量观看超过 5 分钟的短视频。所以，5 分钟以内的长度更利于短视频的传播和扩散。短视频的节奏要快，“爆点”和笑点一般也要密集，因为视频时间太长、节奏太慢会让用户失掉耐心，用户不愿看完视频，也就更不会把视频分享给他人。

（3）标题和封面要“抓人眼球”

和软文一样，标题和封面对短视频来说十分重要，它们甚至可以决定短视频的成败。现代人碎片化的时间和互联网的信息大爆炸让人们在浏览内容时的耐心和时间都大大缩减。就算是几分钟的短视频，人们也往往不会仔细去看，通常是大致扫一眼标题，感兴趣就点开，不感兴趣就放弃。所以，短视频的标题一定要短，关键信息一定要突出，标题和封面都要“抓人眼球”。

（4）学会借助平台的流量

抖音、快手、美拍、秒拍、西瓜视频、今日头条、bilibili 等都是热门的短视频运营渠道，争取到首页热门、频道推荐、排行榜等位置对短视频运营都是十分有利的。短视频运营不仅要靠运营的内容，还要借助平台的流量。

（5）运营的诉求一定要清晰

运营人员做短视频运营的目的是传播品牌，还是实现用户转化？如果是实现用户转化，让用户付费，运营人员就要进行持续性的运营工作，仅仅一两次的活动是远远不够的。如果是传播品牌，运营人员只需要让用户对品牌有一个初步的印象，对产品有一个大概的了解。但要实现用户转化，运营人员就需要在短视频运营中凸显产品功能，并持续深化及至升华产品在用户心中留下的印象。只有这样，才能提升用户付费的概率，当用户有需求时，也才会第一个想到我们的产品。

（6）把握视频发布的最佳时机

短视频的最佳发布时机是周六上午 10 点，但是要注意避开大事件，和大事件同步发布的短视频非常容易被“淹没”。这个时段内，大部分人都在家休息，或者刚起床，会习惯性地用手机浏览各类资讯或者娱乐内容，更容易看到我们发布的短视频。

针对短视频发布时机，我曾经做过一个测试，分别在周三晚上 8 点、周五晚上 8 点和周六早上 10 点发布短视频，在发布后的前 3 个小时内传播速度最快的是周六上午 10 点这个时间段。当然，我们也可以通过数据分析来得出最适合自己产品的短视频发布时间。

（7）利用多位 KOL 的影响力进行传播和扩散

那些爆红的短视频都离不开 KOL 的传播和扩散。我们制作和发布了短视频以后，还要去请多位 KOL，利用他们在粉丝中的影响力，去帮助我们做视频的传播和扩散。运营人员除了要找那些流量真实的 KOL 以外，还要结合产品的目标用户，找相关领域内的网络红人或大咖，做精准投放。

（8）产品植入一定要巧妙

一般来说，广告意味太明显的短视频是很难获得大规模转发的，除非短视频内容的价值大到让用户明知是广告也乐意看，其中的内容的价值可以是知识性的，也可以是娱乐性的。但问题是，不同的人的价值点是不一样的，所以，最好的做法是不着痕迹地植入广告，做到“润物细无声”。在内容上，运营人员可以只讲现象，不提产品，当大家对现象感到好奇时，再自然而然地过渡到产品，这样也不会引起大家的反感。

总而言之，短视频运营是目前互联网运营的大趋势，互联网运营人员自然也要学会用短视频做运营。身为运营人，学习新知应该成为我们的工作常态。

5.5　公众号运营：从原创到独创，从低价到无价

有人说，公众号运营已经开始走下坡路了，之所以会有这种说法，是因为公众号运营的竞争已经到了异常激烈的地步，每天都有新的公众号如雨后春笋一般冒出来，淘汰的速度也越来越快，也许今天发了爆款文章，明天就被人遗忘了。

但是，微信公众号还是值得运营人员去好好耕耘的，因为微信公众号有庞大的受众群体，一个“有价值的公众号”能够取得的运营效果还是非常可观的。不过，要做一个“有价值的公众号”并不容易，筛选、组织、重构、呈现优质内容只是最基本的环节，再加上良好的互动服务和社群运营，依然不足以成为一个有价值的公众号。

我在京东工作时，常常对我的运营团队说：“人们总是会被事物的表象吸引，也倾向于解决表面问题，进而忽略问题的本质。”

有不少互联网企业看到别人做微信公众号获得了成功，便觉得这是件“一本万利”的事，于是也跟风下场，要么豪掷几十万元外包给专业团队运营，要么投入人力物力组建自己的团队亲自运营，但是，最后的结果却不尽如人意。花费大量精力制作了公众号内容，阅读量却很平淡，转发和分享更加地少，用户转化和变现盈利便无从谈起了。

有人觉得，这是因为自己的公众号粉丝太少，于是，就开始通过各种活动疯狂“吸粉”，比如关注公众号送小礼物或免费打印照片、分享文章送小礼物、评论抽奖、红包抽奖等。这类花样“烧钱”的方法虽然能在短时间内获得一大批订阅用户，但文章的阅读量却始终上不去，有些为了拿奖

品的粉丝事后还会很快取消关注。这样运营一段时间以后，运营人员就会发现投入远远大于产出。做过微信公众号运营的人，对这些情况一定不会感到陌生。

在科技大爆炸、信息碎片化的时代，微信公众号早已经过了红利期。如今人人都是自媒体，家家都有微信公众号，无数个微信公众号在一起争夺用户，各种“吸粉”手段层出不穷。

时下的每个微信用户都关注了不少公众号，但人们每天的空闲时间有限，不可能一一阅读公众号的每篇文章，这导致了有的公众号虽然粉丝多，但阅读量却很少。那些内容没有特色的公众号，迟早会被用户“取消关注”。有些公众号的运营者仍然在为新增粉丝量而沾沾自喜，但实际上，这些粉丝中真正的有效用户只有 20%左右。

每发一篇推文都能获得“10 万+”阅读量的公众号毕竟是少数，可以说，多数公众号都陷入了盲目努力的恶性循环。那么，我们应该如何摆脱这种恶性循环呢？在本节中，我将为大家揭开公众号运营的表象，探究公众号运营的本质，并找到以下三个问题的答案。

- 公众号的价值是什么？
- 怎样提升公众号价值？
- 如何打造有价值的公众号？

其实，这三个问题都直指一个核心，那就是公众号的价值。价值就是公众号运营的本质。

1. 公众号价值的实质

如今，还有不少企业和运营人员把订阅用户量（粉丝数）、阅读量、转发量当作公众号运营的核心指标。虽然这些指标可以简单量化，而且一目了然，但将它们视为核心内容却会深深地误导运营人员。因为这其中存在着极大的悖论。

如果我们把“涨粉”当作核心运营目标，那么内容定位势必要大众化、娱乐化，甚至低端化，但是，吸引到的这些大众粉丝确实是我们的目标用户吗？能实现用户转化吗？如果答案都是否定的，我们一味追求粉丝量的做法又有什么意义呢？

如果公众号盲目追求阅读量、转发量，就必定要“蹭热点”，这会使自身逐渐沦落为“标题党”“震惊部”。类似哗众取宠的内容的确能在短时间内为我们吸引到大量粉丝，但是这些严重同质化的内容一定是留不住粉丝的。

很多公众号在当订阅用户量达到一定量级后，都会出现同期内“涨粉”的数量和“掉粉”的数量持平的现象。这些公众号的运营者想打破僵局，调整公众号的定位，但是又担心这么做会引起大规模“掉粉”，只好维持原状，陷入了不上不下的尴尬局面。

要怎样做才能打破僵局呢？在解决问题之前，我们要先找到问题的根源：一个公众号价值的实质到底是什么？

是订阅用户量吗？是阅读量吗？都不是！

要评估一个公众号的价值，只看订阅用户量是远远不够的。我们想要运营好一个公众号，就必须探究公众号的价值本质，只有理解了价值本质，我们才能留住用户，才能做好公众号运营。

一个公众号真正的价值到底体现在哪里呢？我在运营工作中和不少投资人合作过，在那些投资人眼中，公众号的商业价值取决于它的活跃粉丝数、粉丝对它的态度，以及它对粉丝的影响力。因为这些因素关乎一个公众号的变现盈利能力，所以，它们才是构成公众号价值的关键指标，我用一个公式定义了公众号的核心价值，如图 5-8 所示。

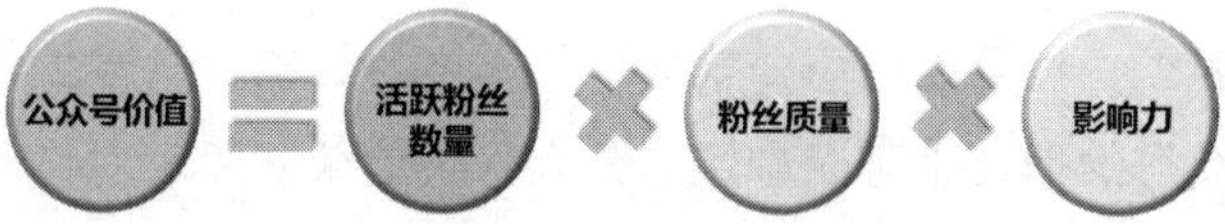

图 5-8　公众号价值公式

我们要如何在运营实践中具体地理解这三个指标呢？

（1）活跃粉丝数量

活跃粉丝就是那些会等着公众号更新，如果没有按时更新，还会在后台询问："作者你怎么没更新呢？是不是身体不舒服？"的粉丝群体，他们是公众号最有价值的粉丝，活跃粉丝数量就是这群活跃粉丝的数量。

（2）粉丝质量

粉丝质量是粉丝的个人素质、社会地位、财富等特征的综合体现，粉丝的特征越是统一，相应地，粉丝质量也就越高。如果一个公众号的粉丝都是企业高管、企业创始人，哪怕它只有几千位粉丝，其价值也远远高于很多坐拥百万大众粉丝的公众号，因为它的粉丝质量非常高。

（3）影响力

影响力是指公众号对粉丝决策的影响力，也就是能否左右用户的决策，这是一个很重要但也很容易被忽略的指标。

娱乐八卦类或"鸡汤"类的公众号，往往都有很多粉丝，可这些粉丝都是冲着娱乐内容来的，而并不在意是哪家公众号，所以公众号对粉丝也没有什么特别的号召力和影响力。若是在这类公众号上做软文推广，转化率一定不会很高。可以说，影响力直接决定了公众号的商业变现能力。

例如，以搞笑历史漫画起家的公众号"混子曰"，在成功拿到融资后，就开始调整公众号的定位，把内容定位慢慢向高科技话题和汽车话题转移，这么做的目的就是为了吸引更高质量的粉丝。

如果你的公众号正面临"只涨粉不长阅读量""涨粉不如掉粉多""精心策划活动却无人理会"的局面，不妨对照"公众号价值公式"，分析自己的问题出在哪里，也可以对照公式来评估一下自己的公众号价值。想要运营一个新公众号的朋友也可以参照"公众号价值公式"来对自己的公众号进行整体规划。

2. 提升公众号价值的四大策略

通过上文的公众号价值评估，如果我们发现自己运营的公众号的价值并不高，又该怎么办呢？在此，我将和大家一起探讨提升公众号价值的策略，帮助大家解决“用户活跃率低”“用户增长瓶颈”“商业变现能力差”等“疑难杂症”，如图 5-9 所示。

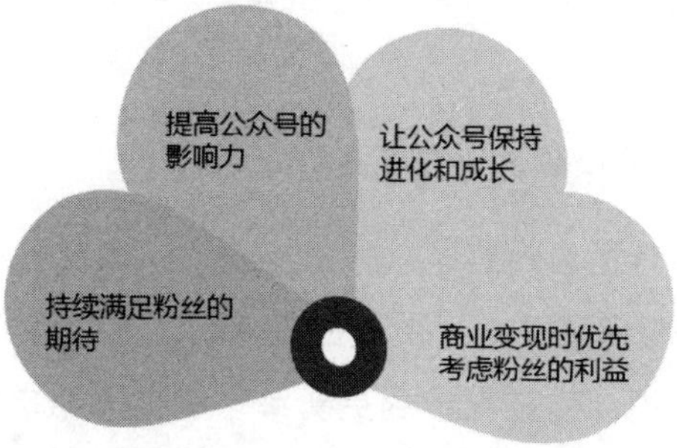

图 5-9　提升公众号价值的四大策略

提升公众号价值的四大策略如下文所述。

（1）持续满足粉丝的期待

我们必须认识到一个严峻的现状：超过 80%的公众号的用户活跃率低于 5%。这个比率有些触目惊心，也意味着很多公众号都已经遇到了增长瓶颈，只是粉丝数的绝对值还在上涨，给我们造成了一种增长的错觉。

事实真的是如此吗？运营过微信公众号的人都应该发现过这样一种现象：当公众号的粉丝达到一定数量后，每次推文就会“掉粉”，不推文反而没事。这是怎么回事呢？

原来，这是因为有的粉丝其实已经不愿意关注公众号了，也不会去看公众号的内容，只是“懒得取关”罢了。而公众号推文时，恰恰给了他们“取消关注”的机会和理由。这些“懒得取关”的粉丝就是我们所说的“不活跃粉丝”。此外，那些不阅读也不“取消关注”的“僵尸粉”也是“不活跃粉丝”的一部分。

不过，只要根据粉丝最初关注公众号的动机“顺藤摸瓜”，就能找到解决方法。除那些通过奖品、活动等“利诱”手段吸引的粉丝以外，其他粉丝之所以关注公众号，还是因为被内容打动了，并对该公众号的后续内容产生了期待。接下来便是公众号如何持续满足粉丝的期待的问题了。如果无法满足，自然会出现“掉粉”、变现差、盈利少等后果。

在公众号运营的过程中，想要持续满足用户的期待，就必须做到以下三点。

① 确保每篇推文的质量，换位检验每篇文章

我认为，如果没有优质内容，就宁可不推文。网上有不少所谓的“运营宝典”告诉大家“要保证公众号更新的频率，还要做到日日更新”。实际上这种说法是有问题的，稳定高频的更新率可能带来稳定而又可观的阅读量数据，但这些可观的数据对用户而言是否有稳定而又实在的价值呢？若只追求数据的“稳定”和“可观”，却不注重内容质量，这种做法便完全是本末倒置的。

如果我们只会围着数据打转，那最后的结果就是没数据。现在市面上有非常多的优质的内容，如果我们不能持续为粉丝提供优质的原创的内容，那粉丝又凭什么一直关注我们呢？

运营人员（公众号推文作者）要懂得跳出“作者视角”，站在粉丝的视角来审视一篇文章。我在运营公众号时，每篇文章都要检查至少 5 遍才会推送，只有我认为合格的文章才会发布出来供大家阅读，不合格的文章会被我果断放弃。

我在进行文章自检时，会带着以下四个问题，如果这些问题的答案都是肯定的，那么这篇文章就是合格的。这四个问题分别是：

- 文章中提出了什么问题？
- 这个问题对粉丝来说有价值吗？

- 文章是否解决了这个问题？
- 文章中的阐述是否清晰，粉丝能否读懂？

无论什么类型的公众号都可以按照这个思路来进行自检，也可以根据具体的内容，对问题进行适当调整。

② 保持清晰的内容定位

有些公众号很喜欢追热点，今天发娱乐“八卦”、明天发“鸡汤文”，后天再来点“干货”，事实上没有清晰的内容定位，也不关心粉丝想看什么。其实，粉丝选择关注一个公众号，就是因为对它的某些特定领域内的内容感兴趣，也期待它能持续产出更多同类型的优质内容。如果公众号后期推送的内容逐渐偏离了粉丝的兴趣点，而且杂乱无章，粉丝就会取消关注。

例如，一个母婴健康类的公众号，却经常推出“鸡汤文”、情感文，粉丝一定会认为该公众号不专业，并对此感到十分失望，甚至取消关注。

总之，公众号要持续满足粉丝的需要，就必须保证内容始终优质，如果文章质量不达标，宁可降低推文的次数，也要保持清晰的定位。相信只要做到这几点，我们就一定能持续提升粉丝的活跃度。

（2）提高公众号的影响力

本文一再强调订阅用户数（粉丝数）不等于公众号的价值，因为粉丝多并不等于影响力大，公众号的影响力就类似于我们人的魅力和号召力。

在生活中，总有那么一小部分人似乎天生就有吸引人、让人信服的魅力，可是，这种魅力其实并不是天生的，而是通过后天的努力获得的。如果一个公众号要具备这样的魅力，就要靠运营者的努力。

在一些心理学著作中，人的影响力被归纳为六个要素，分别是互惠、承诺和一致、社会认同、喜好、权威、稀缺。我把公众号的影响力也归纳为四个要素：权威、诚信、人情味、有趣，这些影响力要素都要靠我们运营人员去一点一滴地打磨。

① 权威

权威并不总是来自一个人的社会地位和头衔，更应来自这个人在某一领域的专业和贡献。我们的公众号也可以通过塑造专业的形象来培养对粉丝的权威。公众号在运营的过程中，要具有专业性，文章中的论点要站得住脚，论据要尽量引用权威的内容，文章的文风应该稳健一些，不要随意、频繁地变换风格。

② 诚信

公众号的诚信形象是靠着平时一点一滴的行为慢慢沉淀的，仅仅某一次的表现并不能说明问题。平时做活动时，抽奖是否公平公正？承诺的奖品是否兑现了？兑现以后，是否向所有粉丝公布了？平时在文章中列举的案例是否真实可信？观点是否符合社会上的主流价值观？内容是否表现出了歧视和偏见？这些点点滴滴的问题都是打造诚信形象的关键。我们只有从细节处做起，才能打造出公众号诚信的形象。

同时，俗话说“人如其文”，运营者的个人品格和道德水平，也能体现在公众号中，所以我们也要加强自身的个人修养。

③ 人情味

只要仔细观察身边的各大公众号，我们就会发现自媒体公众号的影响力大都远远高于企业或产品的官方公众号。这是因为自媒体公众号的运营者大多是个人，他们会把自己的个人气质渗透到公众号中，所以自媒体公众号更自然，更有态度和亲和力，也更有“人情味”。

要怎样才能让自己的公众号更有“人情味”呢？

我们可以参考自媒体公众号的做法，结合产品和品牌的定位，给公众号塑造一个虚拟的人物形象，可以是生活导师，也可以是心灵导师，还可以是专业大咖。在平时的文章、回复、活动中我们都要坚持使用同一种口吻，始终保持真实、正向、丰富的人情味，这样我们就会在观众心目中留下深刻的印象。

④ 有趣

在生活中，大家都向往“有趣的灵魂”，都想和有趣的人做朋友。有趣的人懂得很多稀奇古怪的东西，总能发现生活中的各种乐趣，他们的乐观能感染身边的每一个人。跟他们做朋友，是一种享受。

对于公众号来说，“有趣”也很重要，有趣，是智慧、情商和表达艺术的集合，是一种独一无二的特质，能让公众号形成鲜明的特色和标签。有趣的公众号不需要刻意讨好每一位粉丝，因为粉丝会自然而然地被吸引。当然，要公众号做到有趣，对运营人员来说也是一个考验，我们不仅要拓宽自己的知识面，还要有思想、有深度、有情趣，并且具备一定的专业知识。

（3）让公众号保持进化和成长

粉丝会成长，公众号也要成长。和其他产品一样，公众号的每个粉丝都有用户生命周期，当公众号的内容已经无法满足粉丝需求时，双方就会渐行渐远，此时粉丝流失是在所难免的。这也是为什么很多公众号的活跃粉丝群体大都是后来关注的那 30%的新粉丝。

我们在做公众号时，都希望提升粉丝的留存率，所以我们要想办法延长粉丝的“生命周期”。我们可以从三个层面来做。

① 内容层面

公众号要跟上粉丝成长的步伐，推出多层次的内容。例如，为职场新人提供职场或行业“干货”的公众号，可以逐渐向上渗透一些管理、行业、投资类的内容，并标识出适合的人群，以此来满足不同层次的粉丝群体。

而纯内容型的公众号，还可以给自己增加工具属性。例如，心理健康类的公众号，可以为用户提供讲座或咨询服务，或者增加一些心理类测试小工具。人们有可能会对内容产生厌倦，却不会对工具产生厌倦，毕竟谁也离不开实用的工具。

② 形式层面

公众号要借鉴其他优秀的内容对自己的排版进行优化，内容的呈现形式也要推陈出新，除了文字和图片外，还可以尝试音频、短视频、漫画等形式。内容的呈现形式可以结合粉丝的阅读场景和粉丝的不同口味展开。

③ 数据层面

我们还要认真分析和对比每次推文后的同期数据变化，根据数据对自己的公众号进行调整和优化。例如，在剔除一周内新增用户后，把本周三中午的推文数据跟上周三中午的数据进行分析对比，就可以看出粉丝对这两次推文态度的变化。需要注意的是，数据必须是同时段的，推文的内容页必须是同类型的，这样的对比和分析才能保证准确性。

（4）商业变现时优先考虑粉丝的利益

大多数公众号都是以盈利为目的的，但作为“内容产品”的公众号实际无法直接盈利，所以，当粉丝数达到一定量级后，大多数公众号都要进行商业变现。

商业变现对公众号来说存在很大的风险，因为对很多公众号来说，每次的商业变现都有可能引发大规模“掉粉”。那些不经过考察、轻率而不负责任的商业变现更是无异于杀鸡取卵。这就像有的明星轻率地代言“三无产品”，不仅会使自己陷入纠纷，还会引发粉丝的反感。

粉丝就是公众号运营者的衣食父母，所以很多公众号运营者想变现，但又不敢变现，他们还没找到既能变现又不会“掉粉”的方法。在这里，只有“双赢”才能解决这个问题，最好的商业变现方式就是为粉丝提供负责任的服务，植入的广告或软文要符合公众号定位，做到不生硬、不违和、不强制，公众号才能持续健康发展。

做公众号商业变现，一定要坚持以下三个原则。

- 产品必须是粉丝真正需要的，而且能给粉丝带来实质价值的知识型产品，这样的产品，对于运营双方来说，才是无价的。

- 对产品进行深度考察，确保优质和货真价实。
- 让商家给出比对外价格更低的优惠价，为粉丝争取利益。

这三个原则总结起来有一个核心，那就是优先考虑粉丝的利益。让真正需要产品的粉丝可以通过我们以更优惠的价格，买到更好的产品。

本节探讨了公众号运营的关键核心：公众号的价值，以及如何提升公众号价值。只要明确了公众号的核心价值要素，并结合文中提供的方法去运营公众号，那么，涨粉、内容传播和商业变现都是水到渠成的事。

总而言之，一个公众号一定要坚持为订阅用户提供实实在在的价值，相应地，运营人员要为用户的时间、情趣和心智负责，如果做不到，那最好就别轻易开启你的公众号运营之路。

第 6 章

场景化运营：怎样借助场景重塑与消费者的沟通

场景化运营是互联网和电商运营不可或缺的一块宝地，为什么这样说呢？这是因为我们可以借助场景很好地将用户和产品自然地整合在一起，解决各方所需，形成完整的流程闭环。而且，场景可以让我们的运营工作更加精准，脱离了场景，就是脱离了实际，当然无法做好运营工作。

6.1 脱离用户场景做运营，都是“空中楼阁”

在互联网相关的行业里，流传着一个名词——场景，人人都把“场景”挂在嘴边。产品研发人员说，我要从场景出发解决用户的痛点；运营人员说，我要从场景出发做好拉新、促活和留存。作为运营人，我要明确地告诉大家：脱离用户场景做运营，都是“空中楼阁”，终究会归于虚无。

我在京东时，经常这样要求下属的运营人员：“做活动要从场景出发，这样才能打动用户。”但是很多运营人员都不能完全掌握场景化运营的技巧。场景化运营不仅是一项运营策略，也是一门技术，以 BAT（百度、阿里巴巴、腾讯）场景化的金融布局为例，如图 6-1、图 6-2 和图 6-3 所示。

图 6-1　百度场景化的金融布局

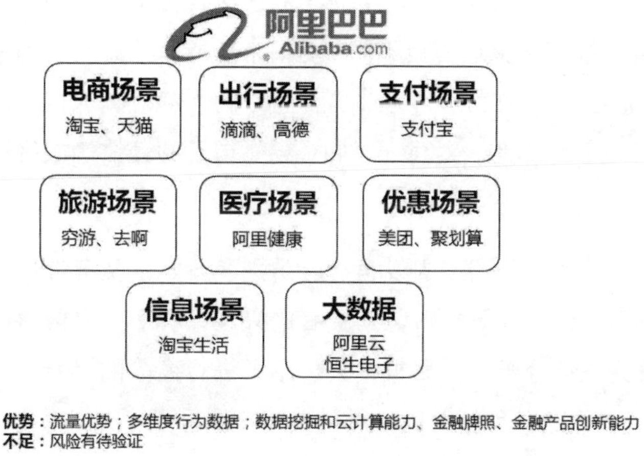

图 6-2　阿里巴巴场景化的金融布局

图 6-3 腾讯场景化的金融布局

通过 BAT 的场景化布局，我们就能认识到场景化运营到底有多重要。京东也同样实施了全面的场景化运营。例如，线上“京东自营”结合线下的“京东之家”“京东便利店”，实现了能适应各种消费者和场景的“千店千面”。与传统线下店铺运营所不同的是，京东所有的线下店铺都将场景运营作为核心。在“京东之家”店铺里，有专门为旅行达人打造的“爱旅行区”，其中陈列了洗漱包、对讲器、翻译器、电子阅读器等旅行达人喜爱的商品。

线下“京东之家”门店内设有人脸识别装置，消费者进店后就会对其进行人脸识别，记录并分析每位消费者的兴趣点和场景停留时间，然后再对获得的数据进行分析，最后根据分析结果进行商品的更新。在“京东之家”，客户可以体验各种新奇的“黑科技”商品，可以在图书角、儿童游乐区放松休憩，还可以使用眼部或肩背按摩器进行按摩。

强调了场景化运营的实用性，所谓“知其然必知其所以然”，那么接下来，我就来简单讲解什么是“场景化运营”（这是很多初级运营人员仍然一知半解的问题）。

1. 场景化运营的含义

我们可以把场景理解为人物在某一时间、某一地点活动的生活画面。电影、电视、戏剧中都有各种不同的场景。就连小说中的人物也要放在一定的场景中才能展开故事。

在互联网运营领域，场景一般是和用户挂钩的，也被称为用户场景。用户场景是指用户在使用某个产品时的最常见场景。例如，我们使用“支付宝”的最常见场景是购物；我们使用“滴滴出行”的最常见场景是打车；我们使用“携程”的最常见场景是买票。

了解了用户场景的含义后，场景化运营就很好理解了，它是一种把运营与人们的生活场景和用户需求结合起来的运营手段。做场景化运营时，运营人员要考虑用户会在什么场景下，使用什么产品去解决什么需求。

比如说，我们身边一定有不少“月光族”，每到月末资金流就断了，可偏偏这时想买东西，工资又还没有发下来，该怎么办呢？于是，他们中的很多人就会使用京东的“京东白条”或支付宝的“蚂蚁花呗”，就又能根据可用额度继续消费了。这就是一个典型的场景营销案例。

2. 场景化运营的重要价值

为什么运营人会认为“脱离用户场景做运营，都是‘空中楼阁’”？这是因为脱离了用户场景的运营工作，有如闭门造车，无法解决运营过程中的很多问题。事实上，场景化运营确实在我们的运营过程中具有重要的价值。

（1）获取更多新用户

一款产品上线之前，我们都会做好充分的用户需求调研，这不仅能让我们把握整个市场的规模以及竞品的市场占有率，也能帮助我们形成用户画像。在这个阶段，我们运营人员就要找到产品的使用场景和场景下的目标用户。

产品上线后，运营人员要从产品使用场景的角度去进行拉新活动。我们首先要找到场景下的目标客户，把产品介绍给他，并通过各种线上优惠和线下活动，吸引更多潜在用户体验产品。每个用户周围都有若干个和他有相同需求的朋友，而场景化运营可以提供很好的传播的内容（如优惠信息等），再让用户继续传播给身边的人，以达到吸引更多新用户的目标。

（2）提高用户转化率

我们经常会收到手机里各类 App 的推送，这些推送会在各种时间和地点出现在我们的手机里。例如，当我们到机场附近时，“滴滴出行”会给我们推送机场附近的接送机优惠信息，“携程”则会告诉我们这个城市的著名景点以及门票信息。这是基于 LBS 定位进行的推荐。当我们在“58 同城”上投了简历，过几天“58 同城”App 就会给我们推荐同类的工作岗位。这是根据用户画像进行的推荐。

上述两种推荐形式都很常见，具体运用哪种推荐形式就要根据用户场景和用户需求来定了。这种基于场景和需求的推荐会让用户觉得十分贴心，这样一来，用户对产品的好感自然就上升了。如果产品能正确匹配用户、场景和需求，就能有效地提高用户转化率。

（3）提升品牌形象

说到场景化运营，就不得不提蚂蚁金服在 2016 年和 2017 年分别发布的两组海报，下面我选取了其中两张，如图 6-4、图 6-5 所示。

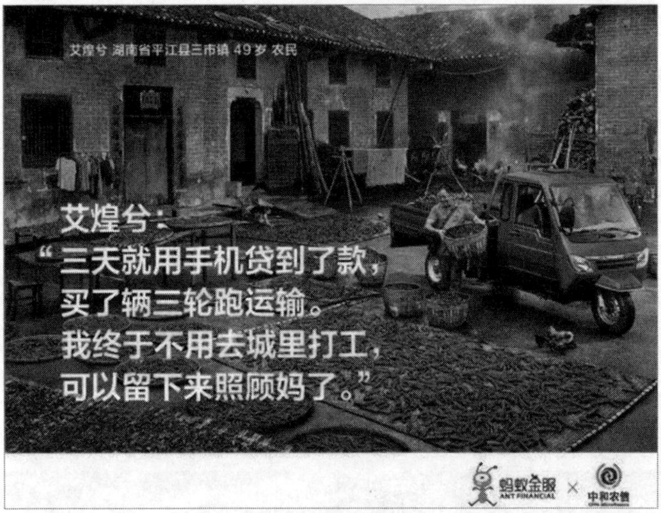

图 6-4　蚂蚁金服海报（2016 年发布）

图 6-5　蚂蚁金服海报（2017 年发布）

这两组海报充分挖掘了每个普通用户背后的故事和场景，用朴实的文案和生动的画面，给人们带来了亲切而真实的感受。海报中没有任何产品介绍，也没有任何华丽的修饰词语，却给我留下了很深刻的印象。

海报中的主人公就是我们身边的人，他们所处的生活场景是我们很熟悉的，他们遇到的困难我们也可能会遇到，他们通过使用蚂蚁金服给生活带来了改变，那我们也一样可以。蚂蚁金服通过这种形式生动地传达了自己的广告意图，也成功地树立了自己的品牌形象。

我认为像蚂蚁金服这样拥有几亿用户的成熟期产品，需要从梳理品牌形象和俘获用户心智的角度去思考如何才能为用户、为社会做得更好。

还有一个同样优秀的案例，那就是网易云音乐在杭州地铁上的经典文案。这些文案来自网易云音乐用户的评论，每一句都是用户的心声，如图 6-6 所示。网易云音乐真实地还原了用户、产品和场景，准确地呈现了品牌的调性，有同样需求的目标用户自然会被吸引。

图 6-6　网易云音乐杭州地铁文案

类似的例子还有京东快递小哥们冒着大风大雨把商品准时送到用户手中的场景化广告，以及各大电商平台年末促销海报中展现的人们兴高采烈地给父母、孩子、妻子、丈夫购买礼物等的场景化广告。这类广告非常常见，只要大家留心观察就能发现。

运营工作的主要任务就是在产品和用户之间建立连接，不论是拉新，还是优化用户体验，都是围绕着用户和产品展开的。而场景化运营则可以把用户、产品和场景这三者自然地融合在一起，成功解决用户的各种需求，形成运营闭环。

3．场景化运营三要素：用户、情景和连接

为了让大家更好地做好场景化运营，我根据多年的工作经历，对场景化运营的三个要素做了一个归纳。

（1）用户

使用产品的是用户，运营的对象也是用户。我们在制定运营策略的时候要充分考虑到“用户”这个元素。如果我们想象着自己的家人、朋友在使用产品的情景，就可以站在家人的立场上全方位地为用户考虑。当我们把用户想象成家人时，内心会变得无比细致，充满爱和关怀，就能想用户之所想，急用户之所急。

将用户视作亲人是一种提升用户体验的有效的思考方法，具体的运营策略当然还需要经过严谨的分析和验证。

（2）情景

我们可以把情景分成两个阶段，并给以充分的关注。这两个阶段分别是准备阶段和实施阶段。

① 准备阶段

准备阶段的核心任务是确定用户的核心目的。例如，一位用户每周五都会到游泳馆游泳。这是一个情景，根据这个情景，我们要明确用户这样做的目的。他是为了锻炼身体吗？为什么他不选择打羽毛球和篮球？是因为游泳馆离家很近吗？为什么用户要锻炼身体呢？是为了保持健康的体型吗？良好的外在形象能为用户带来什么呢？是异性缘，还是更好的职业形象？用户为什么要在意自己的形象呢？

通过这样抽丝剥茧的分析和挖掘我们可以明确地抓住用户的需求，用

户做一件事的目的很可能隐藏的很深，并不一定是他表现出来的样子。我们在挖掘用户需求时，不仅要听用户说了什么，更要看用户做了什么。把各种表象结合起来，就能推断出用户的真实需求。

② 实施阶段

在实施阶段，我们要用最快的速度，最好的服务，帮助用户满足需求。

所以，我们要明确在不同场景中，用户最迫切的需求是什么。例如，在某个场景下，产品的功能A对95%的用户来说是第一需求，对5%的用户来说是第二需求；功能B对35%的用户来说是第一需求，对65%的用户来说是第二需求。综合考虑之后，我们应该先实现功能A，因为它符合用户场景下95%用户的需求。

当用户转化完成后，运营人员还要关注用户在使用产品时有什么感受，情绪是否愉悦。关注用户情绪是为了让用户觉得某项产品和服务更有人情味，从而自然而然地对产品产生兴趣，并自愿体验和持续使用产品。只有让用户感到愉悦，才能让用户对产品更有好感，才能提升用户的忠诚度。

（3）连接

连接是指用户的动机和接触点之间的连接。具体来说就是让用户的每一次点击和操作都有充分的理由和动机，也就是给用户一个了解产品、使用产品的理由，一步步引导用户通过我们的产品来满足各自的需求。

例如，我们想买一双白色的鞋，后天参加活动的时候要穿这双鞋。最快的方法就是到商场购买，但是去商场的路途较远，来回要花两个多小时，再加上挑选鞋子和打车的时间，花的时间就更长了。如果选择网购则有可能第二天到不了，所以要找一家送货快的平台，于是我们就可以选择提供“次日达”服务的京东商城。买鞋子是动机，选择京东商城是接触点，两者连接的要素是京东商城的“次日达”服务。

作为运营人，我们既要研究用户，还要琢磨产品，并把他们和场景有机结合起来。只有深入思考才能做好场景化运营。

一位杰出的运营专家一定也是一位心理学家，同时还是一位哲学家，他们深谙用户的心理，能洞察用户行为背后的动机，亦能深刻地思考和探究现象背后的本质。

6.2　场景驱动：构建场景化运营的三大维度

如果我们能在运营的过程中，精准地把握用户需求，就可以实现定制化的精准消息推送等过去难以想象的事情。

例如，用户要购买产品的时候让他享受购物过程的情景体验，并为用户呈现他所需要的产品或服务，让需求自然而然地产生，让用户自发地购买产品。想顾客之所想，但却不强迫顾客做任何事，这就是场景化运营的最大优势。

场景化运营要借助移动设备、社交媒体、数据、位置服务和传感器这五大元素的驱动才能实现。其中，移动设备是指手机、平板电脑、可穿戴设备等，我们主要通过这些设备来收集数据。而数据要借助渠道才能具象化，并与目标用户接触，这个渠道就是社交媒体。在移动设备上安装传感器，是为了在移动设备上获取更多数据。而场景化运营需要对用户进行准确定位，所以位置服务是必不可少的。近年来，随着科学技术的进步，移动设备与传感器得以大规模普及，位置服务的功能也变得越来越强大。

总的来说，在当今社会，这五大元素，都已经发展得十分成熟，可以说场景化运营的条件已经十分成熟了。在这样的情况下，我们要怎样才能做好场景化运营呢？我认为可以从以下三个维度入手，来推动场景驱动，如图 6-7 所示。

图 6-7　场景化运营的三个维度

1. 时间维度

随着移动互联网时代的到来，人们的时间越来越碎片化，但是接收信息、阅读信息的场景也越来越丰富了。人们随时随地都能用手机看视频、听音乐、玩游戏、读文章或者打开社交软件与朋友联系。运营人员要在这些碎片化的时间中，选择适当的时间节点开展运营活动。

如今，不管是在地铁上还是在公交车上，都有很多人捧着手机浏览新闻、刷朋友圈等。可是由于公共交通道路上的信号不稳定，尤其是在某些地铁线路段还会断网，这种情况令人感到十分不方便，于是新加坡图书出版商 Math Paper Press 就在这个场景中发现了机会，将书店地址和书籍段落节选移植到离线页面上。当信号中断时，用户就能在弹出的离线页面中看到 Math Paper Press 发布的内容。这个巧妙的运营策略不仅让用户打发了无聊的时间，也让用户注意到了书店的信息，进而增加了书店的营业额。

地图导航应用 Waze 也同样善于在用户碎片化的时间里“见缝插针”。它不仅能在用户早上开车时提供导航服务，帮助用户避开拥堵路段，还能在用户等红绿灯的间隙，向用户推送附近早餐店的信息。当用户开车去超市时，Waze 又会告诉用户附近 ATM 机的位置。这些贴心服务，让 Waze 赢得了用户的信任和好感。

2. 空间维度

场景化运营，顾名思义是在场景中运营。所以，地理位置对场景化运营来说十分重要。得益于移动互联网的发展，用户的地理位置信息越来越公开和透明。只要人们使用了导航和地图类应用，就会生成自己的位置信息。我们的手机就是一个随身定位装置，商家可以通过它精确定位我们的位置，获取我们的位置信息。

例如，星巴克就通过“跟踪”用户地理位置，为用户提供有“随时随地送咖啡”的服务。如果用户走在路上时突然想喝咖啡，就可以通过 Mobile Pour 服务将自己的位置信息分享给星巴克。用户点好咖啡后，可以继续前往自己的目的地，不久之后就会有星巴克工作人员把咖啡送到用户手中。星巴克的这项举措被称为 LBS（基于位置的服务）的最佳商业应用。

类似地，香港宿务航空的“雨代码”服务也获得了一片好评。香港的阴雨天气较多，宿务航空抓住“下雨”的场景，创制了“雨代码”，即用防水漆在街上喷绘二维码，这种二维码在晴天时是“隐形”的，只有雨天才会出现。和“雨代码”同时出现的还有广告语：“下雨太烦人？快扫二维码来菲律宾跟阳光玩游戏！”广告语与下雨的场景结合，使宿务航空的机票订单出现大幅增长。

虽然宿务航空的“雨代码”运营活动没有使用定位技术，但却抓住了下雨的时机，对公共空间的运营潜能进行了充分的开发。

3. 关系维度

社交关系对场景化运营来说也十分重要，如今，很多用户在使用产品或购买商品以后，都会对商品和服务进行评价，用户的评价会对其他潜在用户的购买决策产生影响。例如，大众点评网上的一条关于某餐厅的精彩评论，可能会引导更多的人去该餐厅消费。相反，一条差评，则有可能让其他人打消消费意向。

移动互联网时代的购物活动与过去相比，也发生了很大变化，它既没有去实体店购物的奔波，也不用像 PC 端购物时那么地纠结和耗时，其特点是简单、快速、冲动。在这个前提下，影响人们消费决策的要素就是产品、口碑和朋友的推荐。人们可能会因为朋友的一句话，就很快决定利用移动互联网购买某个商品或尝试使用某个产品。

特斯拉在中国开放预约期间，曾经推出了一款基于场景的微信小程序，用户可以用通过扫描二维码或转发朋友圈等方式打开小程序，查看产品介绍，并完成产品预约。维多利亚的秘密也推出过类似的小程序，通过这个小程序，用户可以在观赏国际著名模特的同时，浏览产品介绍和购买产品，这个灵巧的小程序一上线就引爆了朋友圈。

相比独立的移动客户端，这样的微信小程序体量更轻，信息传播的速度更快，而且还能借助朋友圈的社交关系传播口碑，树立品牌形象。用户还可以通过社交媒体传播产品的场景，将产品的场景和自己的朋友分享。

6.3　场景设计：应用场景设计的四个步骤

手机、平板电脑、可穿戴设备等移动终端每天都被我们随身携带着，它们已经成为我们日常生活中的一部分，它们在每个场景中，都与我们形影不离。所以，移动终端在场景化运营方面有着天然的优势，运营人员可以针对不同的用户场景，为用户创造更贴心、更舒适的体验。

但是，运营人员不可能时刻跟随在用户身边，也无法时刻看到用户在真实场景中是如何使用产品的。因此运营人员要通过场景设计的方法，对用户使用场景进行分析和预测，只有这样才能更准确地抓住用户的痛点和需求。基于场景的设计可以帮助运营人员找到用户和场景之间的内在联系，进而推进产品新的交互方式和功能的开发。

在本节中，我将通过案例来介绍场景设计的方法。

1．场景设计是什么

什么是场景设计呢？我们就以看电影为例来进行说明，首先我们要明确看电影所涉及的场景，看电影的整个过程中包含以下场景：线上买票、去电影院、线下取票、检票入座、看电影、发表评论。

基于看电影的六个场景，美团 App 为产品设计了不同功能。当用户线上购票成功后，美团 App 会出现取票二维码，这个二维码可以直接保存到手机相册，方便用户分享给朋友，购票完毕后，二维码会被前置到首页，这样一来，用户取票时就会很方便了。在二维码页面还有如下信息：座位详情、片尾彩蛋提示、评分入口等，一次性满足了用户在“看电影”场景下的所有需求。

通过这个案例，我们可以看出美团 App 对看电影这个场景进行了深刻的剖析，挖掘出了用户在每个场景下的痛点和需求，做到了结合上一个场景，预测用户的下一个目标和意图，同时根据预测结果缩短关键流程，提高了用户操作的便捷性。

我们再来分析另一个基于场景的设计案例，“拍立淘”是淘宝 App 的一个功能，用户可以通过拍照识别线下产品，并在淘宝内找到同样或类似的商品。大家一定遇到过这样的场景：在商场里看到了心仪的商品，或者在杂志上看到了喜欢的产品，想在淘宝上购买。基于这样的场景，运营人员发现了用户的需求是在淘宝上迅速找到相关商品，并预测用户下一步将会使用淘宝的搜索功能进行搜索。所以，淘宝 App 增加了“拍立淘”功能，帮助用户快速识别图片并在淘宝上找到想买的商品，让用户享受到极大的便捷性。

通过对以上案例的分析，我们可以把场景设计的概念归纳为：深刻剖析场景，以场景为基础理解用户的需求，预测用户下一步的行动，并以此为依据设计、优化产品和运营策略，为用户提供更好的产品体验。

2. 场景设计的四大步骤

在了解了场景设计的概念以后，我们具体来讲解应该怎样做场景设计。场景设计有四大步骤，分别是列举并描述场景、挖掘机会点、制定场景设计策略和检验审核，如图 6-8 所示。

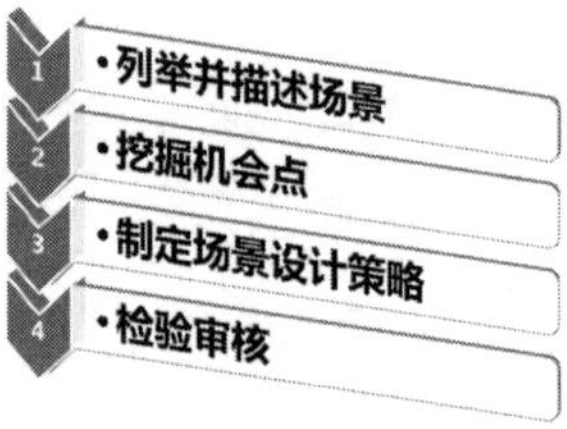

图 6-8　场景设计四大步骤

下文中，我将对场景设计四大步骤进行详细分析，探讨每一步我们都要做什么。

（1）列举并描述场景

场景由五个元素组成：人物（who）、时间（when）、地点（where）、行为（do）、环境（how）。

例如，用户（who）每天早上（when）在上班的路上（where）看新闻（do），但地铁很拥挤让用户感觉很不舒服（how）。

场景又分为线上场景和线下场景，两者的区别体现在地点（where）元素的不同，在线下场景中地点是指现实中的位置，可以通过 GPS 来进行定位，而线上场景中地点是指 App 或网站上的某个页面，比如支付页、首页、商品详情页等。

我们在列举场景时，可以通过具体的操作流程来依次提取关键场景。以网上订购火车票为例，首先列出网上购票的流程：买火车票→去火车站→ 取票→ 检票上车→ 坐车→ 到达目的地，我们可以通过场景挖掘工具（如图 6-9 所示）提取到这个流程的关键场景。

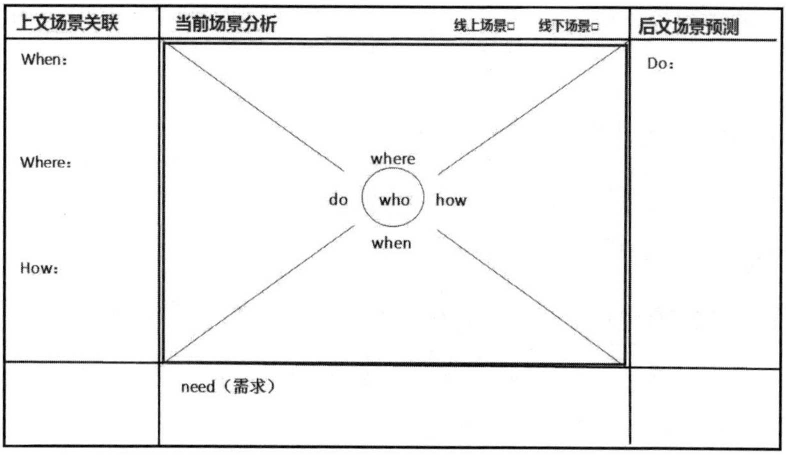

图 6-9　场景挖掘工具

- 用户（who）在某购票应用的购票页面（where）购票（do）。
- 出发前（when）用户（who）乘车（do）前往火车站（where）。
- 用户（who）拿着行李手忙脚乱地（how）来到自动取票处（where）取票（do）。
- 发车前（when）用户（who）匆忙地（how）来到检票处（where）检票（do）。
- 用户（who）在拥挤（how）的火车上找到自己的座位（do）。
- 旅途中（when）用户（who）在座位上（where）睡着了（do）。
- 到达目的地后（when）用户（who）打车离开了车站（do）。

通过这个例子可知，对关键场景进行描述，有助于我们发现更多场景中的细节，使我们能更好地对场景进行分析和判断。我们在描述场景时，可以借用场景挖掘工具，对场景进行细致的分解和描述。

（2）挖掘机会点

通过第一步的场景列举和对场景进行的详细描述，我们已经对场景有了更深的认识，下文中我们就要开始挖掘场景中的机会点。机会点挖掘的方法有两种，第一种是分析当前场景下的用户需求，第二种是预测用户的下一步目标。

① 分析当前场景下的用户需求

我们可以在场景列举和场景描述的基础上，纵向分析当前场景下的用户需求，并从用户需求中挖掘机会点。

以接电话为例，我们在接听电话时会遇到两种不同的场景。

场景一：手机锁屏状态下（how）有电话打入时（when），用户（who）将手机从口袋里取出并接听（do）。

在这个场景下，用户在从口袋里取出手机的过程中很容易不小心触碰屏幕，导致误操作。所以，很多手机厂商察觉到了用户的这一痛点，挖掘到了用户希望减少误操作的需求，就把锁屏状态下手机的接听方式设置为滑动接听，这样一来，用户就可以有效地避免误操作。

场景二：手机解锁状态下（how）有电话打入时（when），用户（who）正在使用手机（do）。

在这样的场景下，当然是点击接听更为方便快捷，所以手机厂商将手机解锁状态下的接听方式设置为点击，让用户的操作变得更加便捷。

通过当前场景的用户需求挖掘机会点，是建立在对场景的详细描述上的，场景描述得越详细，就越容易分析和抓取用户需求，我们的机会点也就越多。

② 预测用户的下一步目标

我们可以把上文场景与当前场景结合起来分析，预测出用户的下一步目标，并以此为依据挖掘机会点。

例如，用户 A 从自己的长居地上海（上文场景）来到天津（当前场景）。因为对天津不太熟悉，用户 A 打开大众点评 App 开始寻找天津的美食和景点。通过对上文场景和当前场景的分析，我们很容易就能发现，用户处在旅游的状态中。

所以，我们可以预测出用户接下来就要进行与旅行相关的一系列操作，比如选景点、买门票、订房间、买车票，等等。基于这个预测，大众点评设计了一个旅游版首页。和标准版相比，旅游版首页中增加了当地特色美食推荐和景点游览攻略，并有相关入口，更有针对性地满足了用户的需求。

在预测用户的下一步目标之前，我们首先要对上文场景进行简单描述，再结合当前场景的描述，对用户接下来可能做的事进行预测。具体应该怎样做呢？这里，我为大家提供以下三种方法。

- 通过用户行为的基本逻辑进行预测。用户的行为是有逻辑的，我们可以通过用户上一步的行为，推断出他下一步会做什么。如同电脑操作中，“复制”过后，一定会有“粘贴”选项一样。
- 通过用户认知过程进行预测。人的认知过程都是有一定逻辑和规律的，例如，拍照结束后就要退出相机、微信添加朋友时要扫描二维码或搜索微信号。我们可以通过认知过程的内在逻辑对用户行为和目标进行预测。
- 通过产品的使用逻辑进行预测。产品也有自己的使用逻辑，例如，手机截图后很可能会进行分享，因此很多手机系统都会在截图后弹出“分享”提示，来满足用户很可能会分享的下一步目标。

通过预测用户的下一步目标，我们可以推断出用户可能会有的需求，并从中发现机会点。

（3）制定场景设计策略

在上一步中，我们已经挖掘了机会点，接下来，我们要把机会点转化为设计点，制定场景设计策略。场景设计的最终目标是为了满足用户需求，让用户成为产品的忠实粉丝。所以，场景设计策略可以按不同目标被分为两大类，它们分别是以高效为目标的设计策略、以满足用户情感需求为目标的设计策略。

① 以高效为目标的设计策略

我们可以根据行动点的明确程度，把以高效为目标的设计策略分为五点：行动点前置、行动点替换、行动点相关推送、突出行动点、自动执行。这五点可以帮助用户提高操作效率，提升产品体验。

- 行动点前置

行动点前置是指将用户在下一步的行动点提前插入当前场景中，让用户在需要时可以直接操作，这样就可以缩短操作流程、提高效率。行动点前置的形式一般为直接插入，例如，美团 App 将取票二维码前置插入首页中，电影上映前，用户点击二维码并由取票点扫码后就可进行快捷取票，用户的操作会更加方便和高效。

- 行动点替换

如果当前场景下的某个行动点的功能已经不适合当前场景，我们就可以将其替换为其他需求较强的行动点，行动点的位置不变，但功能不同。例如，Mono 的首页导航栏上有一个“推荐”按钮，但是，当用户向下滑动浏览首页内容时，这个按钮就会变成“返回顶部”，这个小小的替换在不改变整体布局的情况下，实现了高效操作。

- 行动点相关推送

行动点相关推送，是根据用户的行动提供相关的推送和提示，为用户的决策提供辅助，提高用户操作效率。例如，用户用手机进行截图操作后，手机马上会弹出一个提示框，提示用户进行分享或编辑操作，让用户可以很快捷地编辑图片，或者直接分享给好友。这样的推送提示能减少用户的思考成本，快速达到目的。

- 突出行动点

突出行动点，是在预测到用户下一步行动的前提下，对行动点进行突出，并提示用户点击，这也是一种减少用户思考成本、提高效率的方式。有的 App 会给按钮添加底色，或者将按钮弹出，让用户第一时间就注意到该行动点。例如，用户在光线较暗的情况下使用淘宝 App 中的拍立淘功能时，拍立淘会在闪光灯按钮下弹出提示，请用户打开闪光灯，以便拍摄出更清晰的照片。

- 自动执行

自动执行，只适用于那些需求很明确的行动点，它可以大大提高用户操作的流畅性。最典型的例子就是很多手机中的“自动唤醒”功能，当用户拿起手机或把朝下的屏幕翻转过来时，手机就会被自动唤醒。手机系统可以识别出当前场景，并预测出用户的下一步行动，所以就自动执行了“点亮屏幕”的操作，减少了用户操作流程。

② 以满足用户情感需求为目标的设计策略

我们在场景设计中，要满足用户在当前场景下的情感需求，或者贴心地帮助用户达到下一步的目标，让用户感到温暖和感动。那么，我们要怎样才能让用户感到贴心呢？答案是细节。在这个感性的范畴中，我们很难总结出条条框框，只能从细节出发，在具体的场景中做到“想用户之所想，忧用户之所忧”。

现在很多导航类 App 都有 HUD 模式，这种功能可以在夜间将导航信息投影在前车窗上，使用户不用低头就能查看导航信息。考虑到用户在开夜车时必须要集中精力，不能低头看手机，所以就出现了这个贴心的功能。

上面的这个例子，体现了产品对用户的贴心帮助，还有一些产品非常注重人文关怀，照顾到了用户的心理感受，从细节中体现了无微不至的关怀。

现在很多 App 在运营过程中都会追踪社会热点事件，并把这种联系体现在产品的细节上。例如，2016 年北京遭遇百年难遇的暴雨，市民们的出行成了难题，大家把打车戏称为“打船”，于是，当时 Uber 就将首页地图上车的图标换成了船，把切换车型的滑块图标设计成了锚。

类似的案例还有很多，运营方根据社会热点或重大节日场景，在细节上对产品做出改变，不仅能给用户带来一些小惊喜，还能让用户和产品产生深深的共鸣。

（4）检验审核

为了检测我们通过前三步制定出的场景设计策略是否正确，我们还要对方案进行检验审核。为此，我们要结合运营目标，设定合理的衡量标准，并按照这个标准对方案是否合格进行评判。我认为，衡量标准应该是效率、惊喜、感动、期待。

我们的场景设计策略是否能够带给用户便捷高效的体验？我们在考虑用户需求时，是否做到了贴心？我们的产品能否给用户带来惊喜和感动？用户会不会期待再次使用产品？希望通过最后一步的衡量，能让场景设计变得更优化、更完美。

场景设计的目的是让用户获得更好的体验，所以我们在做场景设计时，要以场景为基础、以用户需求为核心。

6.4 活动运营：将活动代入场景，做一场“刷屏级”活动

在本章的前三节，我从整个互联网产品的角度阐述了场景化运营的意义和方法。这一节我要对怎样做场景化的活动运营进行解读。

在本节内容正式开始之前，我们先来探析两个生活中常见的场景。

场景一：用户在某个场景下产生了某种需求，此时正好有一个 App 给他推送了相应的活动，用户十分感兴趣，于是点击了活动链接，开始了解活动详情。

场景二：用户正在用手机看视频，看得正高兴时，突然收到一条某 App 推送的活动通知，用户对此毫无兴趣，认为自己没有这个需要，便随手删掉了。

相信我们都曾碰到过这两个场景，这样的场景让我们充分认识到了一个事实：符合用户场景需求的活动，才能获得更好的运营效果。所以，做场景化的活动运营是移动互联网时代的大趋势。

1. 实现活动场景化的基础

（1）洞察自己的用户

移动互联网通过场景将用户和需求、供给联系在了一起，在流量红利渐渐消失的今天，想要定义新场景，形成自己的竞争优势，就要洞察自己的用户。只有这样，才能为用户策划出更有价值的运营活动，让用户愿意为活动买单。

我在第 3 章中已经详细阐述了关于用户洞察的内容，用户洞察可以帮助我们了解用户真正的兴趣点是什么，用户使用产品时处于哪些场景，以及在这些场景中用户会产生哪种需求。

运营人员可以通过第三方活动运营平台收集和记录用户的信息和行为，并根据用户的特征给不同的用户群体打上标签。随着用户与产品的接触越来越频繁，用户洞察也会越来越准确和深刻。

（2）针对不同的用户推送不同的活动

精准的用户画像不仅能帮助我们制定运营策略，还能帮我们实现精准的场景化活动运营。我们可以针对不同的用户行为、用户场景来策划不同的活动。

用户的每一个行为都带有场景暗示。例如，用户在下载了电商 App 后，就可能会产生网上购物的行为。他们会浏览店铺，随后会将心仪的商品加入购物车，接下来就会下单、收快递、做评价。以上这些场景是用户使用电商 App 时都会出现的。

在这一个个不同的场景中，用户会产生不同的需求。如果我们要基于场景去做活动运营，可以利用用户的行为去触发活动。“饿了么”App 就为我们做出了很好的示范，刚进入 App 的用户会触发“天降红包”活动，完成下单的用户会触发“分享得红包”的活动。

除了场景，我们还要考虑用户的兴趣和对活动的期待，根据用户的属性触发不同的活动可以提高活动的运营效果，也能给用户带来差异化的感受。

在我看来，活动不是广告而是服务，而场景化运营恰恰能为用户提供最好的活动体验。通过场景化运营，我们能在用户最需要的时候，将最合适的活动和产品呈现在用户面前，触动用户的内心。互联网运营时代，场景是大趋势，我们运营人员要敞开胸怀、拥抱场景。

2. 活动场景化运营的方法

接下来，我以一场互联网产品“周年庆活动”为例，详细讲解活动场景化运营的具体步骤。

产品的周年庆活动就像是给产品“过生日”，我们可以想象一下自己的生日会，最重要的准备工作一定是场景布置，对产品的周年庆活动来说就是网站或 App 的装饰。

布置完场景以后，我们还要邀请朋友来参加，所以我要想办法把生日会的信息告诉大家，这就是活动之前的预热。我们希望自己的生日会能热热闹闹，希望能有很多朋友来参加，也想通过这次的生日会和老朋友联络感情，同时结识更多新朋友，因此我们欢迎朋友带上他们的朋友。同理，活动场景化运营的目的除了服务老用户以外，还有另一个重要目的——“拉新”。

通过这样的类比，我们就能很明确地指导活动运营的步骤了。

（1）活动预热

我们可以运用消息推送、新媒体广告、短信群发等方式把周年庆的信息发布出去，吸引用户参与活动预热。例如，在微信公众号上发布一篇关于周年庆的推文，再鼓励用户发表评论或祝福，并从中选出优秀评论给予奖励。或者让用户转发文章，参与抽奖。奖品的设置应该和自己的产品或平台有关，比如直接赠送产品，或者送优惠券、免费使用券等。

（2）给用户送福利

周年庆当天，我们要为用户准备好“生日蛋糕”，也就是送给用户的福利。既然是福利，当然是在成本允许的范围内做得越大越好，而且最好要人人有份。金融类产品可以直接全场加息，电商类产品可以做全场满减优惠，工具类产品可以开放 15 天或一个月服务试用期，社交类产品可以为用户开放特殊权限或赠送其他福利。

（3）转化成功后，立即回馈用户

用户参加了我们的活动，购买了我们的产品，我们自然也要给予回馈，这样才能和用户之间保持更长久的关系。及时给用户回馈，可以帮助我们实现二次转化，让用户持续使用或购买我们的产品，进而升级为我们的忠实客户；用户还有可能会把产品介绍给自己的朋友，为我们带来更多新用户。所以，对于首次转化成功的用户，我们都要给予回馈。例如，外卖平台都会在用户点餐结束后送给用户一个红包，让用户分享给周围的好友。

既然我们能成功转化用户，说明用户对我们的产品和服务十分认可，我们一定要把握住这样的机会，积极回馈用户，让用户帮我们传播口碑。

（4）每天激励用户，防止遗忘

周年庆一年一次，所以我们要趁此机会加强曝光度。在周年庆期间，每天给用户一个激励就是保持曝光度的好办法。例如，每天限时抢红包，或每天限时抽奖等。如果还想增加新用户，就要结合不同的社交媒体渠道来做活动。例如，看直播参与抽奖、转发微博参与抽奖、评论微信公众号文章参与抽奖等。

（5）给予最忠实、最活跃的用户额外奖励

每一次活动中，都会涌现出一批最忠实也最活跃的用户，这些用户是我们最忠实的“铁杆粉丝”，我们一定要给予额外的奖励和回馈。我们可以通过排行榜的形式，给周年庆中转化最好、最活跃的用户发放一份礼品。例如，在电商类产品的活动中我们可以为单日消费最高的用户赠送礼品或发放优惠券，在理财投资类产品的活动中我们可以为每日第一个投资的用户发放奖励。

以上只是几个简单的周年庆活动的场景化运营步骤，我提供的只是一个基本思路，在具体的实践中，大家可以发挥更多创意。

3. 活动场景化运营的注意事项

具体问题要具体分析，不同的活动也有不同的实施方法。要做好活动场景化运营，远远不是写一个优秀的策划方案就可以的。在活动场景化运营过程中，我们会遇到各种各样的实际问题。

马云曾说过：“赢的人要反思，我们侥幸在哪里，输的人要反思，我们输在哪里。”一场活动做下来，一定会有做得好的地方，也会有做得不到位的地方，只要我们善于反思，就能弥补自己的短板，保持自己的长处，也能总结出活动运营中的注意事项。多年的活动运营经验，也让我有了自己的一番感悟。

（1）每个活动都要有仪式感

一个成功的活动不仅需要优秀的策划方案，到位的落地执行，还需要一点仪式感。仪式感体现在活动的方方面面，从策划方案的撰写、人员的协调到活动的每一个流程，任何步骤和环节都要清晰明了，活动上线和活动结束时都要充分告知团队成员。有仪式感的活动不仅能打动用户，还能激励团队成员，让他们更有工作热情。

（2）活动要有人情味，要有血有肉

合格的活动运营人员必须有清晰的头脑和明确的目标，还要有让活动充满人情味的能力。例如，我们可以通过明星效应、惊喜红包或实用的礼品等方式让活动变得有血有肉。用户对活动的第一印象也很重要，我们的活动要能够使用户产生温暖的印象。例如，我们可以给予用户亲切的问候，或者让活动紧贴时事或节庆热点。

（3）重视活动的第一波推广

第一波推广也是整个活动的预热，预热是否充分关系到整个活动能否顺利进行，所以活动的第一波推广是非常重要的。在第一波推广期间，我们要充分调用内部资源，积极借助外部渠道，把活动最大范围地推广出去，还要持续监测数据，并根据数据的反馈及时调整和改进。

（4）关注那些积极响应的用户

活动结束后，我们要及时开展数据分析，总结活动中的亮点和不足。我们要收集那些对活动响应最积极的用户，对他们进行后续跟踪并监测这些用户的状态和行为，如果是新用户就要尽量促成转化。

（5）像朋友一样和用户联络感情

运营工作就是和用户打交道，做活动就是和用户联络感情。活动运营既要让用户感觉舒服和开心，也要达到我们的运营目的。我们可以邀请用户发表对这次活动的看法，并通过各个渠道和平台告诉用户我们自己的看法，像朋友一样平等地与用户交流。

（6）对活动进行二次传播

活动虽然结束了，但产品运营却远远没有结束。精彩的活动会给用户留下深刻的印象，我们可以对活动进行二次传播，唤醒用户对活动的记忆，并告诉用户，我们期待他们能参与下一次、下下次的活动。

结合场景和用户需求做出用户期待的活动，这对用户来说是一个惊喜，对运营人员来说更是一份成就。

6.5 社群运营：场景即产品，场景即社群

流量的红利时代已然远去，获客成本居高不下，用户转化率持续走低，这就是绝大多数互联网企业正面临的运营困局。在这样的形势下，基于场景下的社群运营，便成了企业尤为重要的破局之道。

场景与人是分不开的，与传统 App 相比，基于现实生活碎片化场景而诞生的新型 App 更加注重用户本身，并且着力打造以用户为核心的社群生态，这体现了移动互联网商业时代“以人为本”的特质。

新型 App 更关注用户，它们通过对用户进行的连接与聚合，构建了产品中的人际关系，创造了一个以用户为核心的社群生态。在社群商业生态中，垂直细分的现实生活场景是社群的入口，出于共同兴趣和需求组成的社群是运营活动的主要场所。因此，场景拥有了全新的内涵，场景既是产品也是社群。

另一方面，这类新型 App 根据用户在碎片化场景中的需求，把过去分散的闲置资源整合了起来，通过建立需求相同的社群创造出了巨大的共享价值。

1．社群运营模式：IP+社群+场景+电商

如今，“90 后”“95 后”已经成为消费主力军，对于产品和服务，他们已经不再满足于物质层面的诉求，而是更看重产品所代表的价值主张和生活态度，以及产品所体现的品牌文化。产品已经逐渐成了表达自我主张，彰显自我态度的重要道具。产品和品牌也会逐渐变成某种精神和生活方式的代名词。

当产品所宣扬的价值观和品牌形象与用户所秉持的人生观、价值观相符时，产品和用户之间就会产生强烈的共鸣，具有相同认知的人群也会产生共振，社群就会随之诞生。社群的强大力量还催生了社交电商，像拼多多、“什么值得买”等社交电商如今也备受资本的青睐。

在移动互联网时代，社群运营最核心的传播方式就是找到精准场景，并在恰当的时机影响那些社群中的超级用户，再通过这些超级用户影响社群里的其他人，辐射更多的朋友圈。

社群运营靠一个人是玩不转的，必须靠所有人同心协力。例如，朱元璋建立明朝离不开六公爵，耶稣传教离不开十二门徒，孔子传播儒家学说离不开七十二贤士，马云创业也离不开“十八罗汉”。

除了一群人外，社群运营还需要适合的 IP 和场景，其具体模式为“IP+社群+场景+电商”，如图 6-10 所示。我们可以先确定目标用户，再根据目标用户确定产品的使用场景，再由使用场景联系到 IP 圈层，最后由 IP 图层和超级用户共同组成社群，辐射更多潜在用户。

图 6-10　社群运营模式

我们分别来解读社群运营中几个要素的作用：IP 可以抢占用户的认知高地，吸引更多流量；社群可以用来强化关系、加强信任；场景可以强化用户体验，进一步挖掘用户需求；电商的作用则是完成商业变现。

这几个要素组成了一个完整的商业闭环，实现了企业和用户的一体化，并通过个体与社群的相互赋能，形成了完整的良性的自我循环。

与用户建立持续互动的关系才是企业的发展之道，如果不能与用户持续互动就不能深刻理解用户，也无法得到用户的实时反馈，更不可能挖掘用户的潜在需求，社群运营恰好为企业和用户搭建了一个持续互动的桥梁。

“海内存知己，天涯若比邻。”互联网的快速发展让人们可以跨越时间和空间的局限，进行便捷的沟通。而社群则可以让人们进一步找到与自己兴趣相投的伙伴。互联网降低了人与人之间的沟通成本，社群也降低了人与人之间的信任成本。而信任是一切商业活动的基础，所以说社群是产品与用户、品牌与用户沟通的最短路径，也是成本最低、效率最高的沟通路径，社群能为企业赢得无数的商业机会和未来发展空间。

2. 社群运营的落地方法

目前市面上有很多社群运营的方法，但是真正基于场景，而且能够真正落地实操的却不多。我根据多年的从业经验，从实操的角度对基于场景的社群运营方法进行了总结和归纳，我认为社群运营应该从以下三个方面入手。

（1）社交连接

社群是具有相同兴趣或相同需求的人的聚合体，它的核心是人。所以，社群运营人员的关注点应该放在人的社交连接上。社群成员之间的充分连接和互动可以提升社群的活跃度和影响力，使社群不断扩大，并以此获取更多的价值。我们平时看到的很多社群都是通过微信群建立起来的，但是微信群并不能等同于社群，它只是社群的一种构成方式，QQ 群、微博群、论坛、社区等都是社群的不同构成方式。

在连接社群成员时，运营人员要注意区分社群成员的属性以及产品的特点，对社群成员进行精准定位，只有这样才可以营造一个良好的社群生态。例如，有的产品只适合连接用户和产品平台，而有的产品则可以让第三方服务的提供者也进入社群。

（2）媒体内容

我们都知道，社群是围绕某个主题建立的，主题的内容十分明确，而且能让社群与成员之间持续产生黏性，并不断传播。人们首先要接受和认同社群的主题，并对该主题产生兴趣，才能顺利融入社群。社群建立以后，我们可以通过持续输出优质内容来提高社群成员的忠诚度。从运营的角度来看，优质的内容不仅能为社群吸引更多新成员，也能留住老成员，让社群持续壮大。所以，内容和调性是打造社群的重要因素。

社群运营离不开内容，要做好社群运营就要多产出具有媒体性的内容来帮产品发声。微信公众号的迅速发展和强大的媒体传播优势就很好地证明了内容的强大力量。对社群运营来说，内容的主要来源有以下两种，第一种是 PGC，也就是运营人员基于社群特质创作的、符合社群调性的优质内容，这样的内容往往具有很强的示范性和带动性。第二种是 UGC，就是社群成员自己创作和传播的内容，这类内容可以提高社群的活跃度和影响力。在社群中，人就是媒体，既产生内容，也传播内容。

（3）产品

我在前文中提到，场景就是产品，所以基于场景的社群运营还应该具备产品性。这里的产品是指推动社群建立的虚拟产品和实物产品。产品是社群运营的强大基石，它体现和承载了社群的社交性和媒体性。

社群产品包括实物产品和 App、网站等虚拟产品，实物产品是指具体的商品或线下场景，比如日用品、食品、商场、餐厅等，这类实物产品主要承载的是社群的社交性，它们可以拓展社群的价值想象空间，例如，现在的快消礼品行业都会在商品上贴上二维码，消费者通过扫码就可以获得更多更详细的产品图文介绍。线下场景就具有更大的创新空间了，商家们可以针对具体的社群群体，提供不同的服务，还可以利用跨界合作来获得更多商业价值。例如，海底捞还会为等位的顾客提供美甲服务，有效地拓展了产品的外延。

虚拟产品主要借助移动互联网实现与社群的实时连接，并在各种碎片化场景中满足社群成员的需求。例如，运动类 App 可以通过记录用户每天的运动情况，形成相关的内容，用户可以通过产品内的社区进行内容的传播，并围绕这些内容开展社交行为。这种社群运营的方式充分体现了社群的媒体性和社交性。

在移动互联网时代，无论是时间还是场景都被割裂成了碎片，分散化、碎片化的场景为企业和品牌带来了无限商机，也为互联网运营提供了新的空间。

场景时代的到来，让越来越多服务于垂直细分生活场景的产品和服务不断涌现，这是互联网运营的场景化新趋势，也是社群运营的大好时机。

6.6 场景化内容：把产品卖点和特色融入场景

在正式开始本节的内容之前，我想请大家先行思考下面三个问题。

为什么果汁饮料的广告中总是出现果园和水果的画面？

为什么巧克力广告里总会出现男女主角浪漫约会的场景？

为什么调味品的广告里总是有一家人温馨用餐的情景？

这是因为，这些广告都在创造用户使用场景。什么是用户使用场景呢？我们一起来看两个画面。

画面一：XXX 运动饮料，随时随地补充能量，让你时刻精神百倍。

画面二：长途驾驶的你十分疲惫，感觉打不起精神，于是拿出 XXX 运动饮料。喝下饮料后，你感觉到长途驾驶带来的疲惫被一扫而光，浑身上下都充满了能量。车窗外的蓝天白云，就像你此刻轻松愉快的好心情。

同画面一相比，画面二的描述更具有场景感，用户好像能从画面中想象到自己使用该产品的场景，而画面一却很难让用户感同身受。没有场景化的内容，就算产品有再好的卖点，也很难让用户买单。

因为，市面上有无数种同类产品等着用户去挑选，也许这些竞品的功能更强大，产品更新迭代的速度也更快，如果我们不能给用户一个充分的理由，用户凭什么选择我们的产品呢？

想象这样一个场景，一位女士走进一家服装店，买了一条裙子。在我们眼中，她仅仅是买了一条裙子，可是她买这条裙子也许是为了送给自己的朋友，或者准备在结婚纪念日那天穿给自己的丈夫看，又或者是为了出席一场婚礼。这位女士买的不只是一条裙子，更是附加在这条裙子上的情绪、场景和价值。如果裙子不能满足这位女士的需求，不能使她赢得别人的欣赏，那么，即使这条裙子再怎么精美，对这位女士也是没有意义的。

所以，把产品的卖点和特色融入场景，才能真正打动用户。场景越详细，用户就越容易产生联想，并在浮想联翩中把自己带入场景中，进而产生消费的冲动。场景化的内容，往往更容易打动用户的心扉。我们在做场景化运营的过程中，要怎样才能做出好的场景化内容呢？

目前，互联网企业中最常见的四类产品是培训、美妆、教育、汽车，我将以这四类产品作为例子，来分析做好场景化内容的步骤，如图 6-11 所示。

图 6-11　做好场景化内容的步骤

做好场景化内容的步骤

（1）目标用户

我们要找到自己产品的目标用户。培训类产品的目标用户一般为以求职或出国为目标的大学毕业生或职场人士；美妆类产品的目标用户是 18~38 岁的爱美女性；教育类产品的目标用户是学生和家长；汽车类产品的目标用户是上班族。

（2）潜在需求

我们要分析目标用户的潜在需求。培训类产品目标用户的潜在需求是找个好工作、出国留学；美妆类产品目标用户的潜在需求是爱美、追求生活品质；教育类产品目标用户的潜在需求是提高孩子成绩，让孩子赢在起跑线上；汽车类产品目标用户的潜在需求是上下班、接送孩子、买菜、出门游玩时有辆车代步……。

（3）推演场景

我们要根据目标用户的潜在需求推导出可能的场景，如表 6-1 所示。

表 6-1　四类产品的需求和衍生场景

产品业务	目标人群	需求	需求衍生场景（可能存在）
培训	以求职或出国为目标的大学毕业生或职场人士	找个好工作、出国留学	国外名校、世界 500 强公司的录取通知
美妆	18～38 岁的爱美女性	潜在需求是爱美、追求生活品质	周末逛街、朋友聚会、异性爱慕的眼光
教育	学生和家长	提高孩子成绩，让孩子赢在起跑线上	考试第一名、老师的夸奖、邻居的赞许
汽车	上班族	上下班、接送孩子、买菜、出门游玩时有辆车代步	上下班方便、早上可以多睡会、周末出游、接送孩子上学

（4）筛选场景

我们还要对推导出来的场景进行筛选，因为有些场景只是站在我们自己的角度去想象的，有可能和真实场景存在差异。在不同场景下，用户的身份和角色是不同的，所以需求也会产生差异。我们在筛选场景时可以使用 AB 测试法，用不同场景去描述同一类用户、同一个渠道，直到找出最匹配的场景。

只要场景描述得足够清晰，能够抓住用户的痛点，就有可能会进一步激发用户的潜在需求，让用户的想法发生转变，从“我不想买”到“我有点想买”再到“我一定要买”。

以上就是我根据以往的运营经验提炼和归纳的“做好场景化内容”的 4 个步骤，其中的核心部分就是让内容场景化，只有这样才能真正打动目标用户。

第 3 篇

运营工作过程中，建立自己的运营体系

第 7 章

全栈运营：如何持续增值，提高核心竞争力

很多互联网企业的运营人员在长年累月的琐碎工作中，成了用户、内容、活动等运营模块中的“螺丝钉”，只适合在固定的一个模块中工作，不再能匹配其他公司和其他岗位。全栈运营恰好是解决这个问题的突破口，所谓全栈运营就是运营多面手。如果运营人员想持续提升自身的竞争力，做到持续增值，就要把全栈运营作为自己的职业发展方向。

7.1 为什么需要全栈运营这样的“运营多面手”

所谓“全栈”，就是指能够运用多种方法和技巧，独立支撑起一个产品以及产品全套的运营工作。它的概念主要起源于全栈工程师，它考验的是运营者运用运营手段、运营工具、运营技巧等的综合能力。

直白地说，全栈运营其实就是“运营多面手”。

通常，对于一个刚进入运营领域的新人来说，一般会选择主打一个方

向，比如做新媒体内容运营或者用户运营，专职负责内容输出或者了解用户、分析用户，当把这一项工作做好、做透以后，再尝试其他工作。

于是，在这种工作模式下，便催生了一种现象：一些把内容输出研究透彻了的人便开始打造个人 IP，广泛吸收公众粉丝，继而做内容运营；一些深谙渠道推广之道的人便开始创办广告公司，继而进行流量变现；而一些既懂得线上内容运营又懂得线下市场分析的人就摇身一变，成了光鲜亮丽的 CEO……当然，以上所列举的都是一些业内常见现象，并不针对具体的人。

回过头再来解析“全栈运营”。我们都知道，在过去，一个组织架构完整的互联网企业，一定会有一个“运营总监+市场总监+品牌总监”的组合，而在未来的运营时代里，这种运营模式将被改变，“运营总监+市场总监+品牌总监”的组合将被一个既懂用户又懂内容，还会评估渠道和市场推广的运营多面手——“全栈运营”所取代。

换言之，当一个企业在发展的过程中苦于没有推广专员、没有新媒体或者没有用户和 BI 分析师的时候，其实，它们只是缺少一个全栈运营。

看到这里，可能有人会有这样的疑问，真的有这么神奇的“运营多面手”存在吗？答案是肯定的。如今，在很多大型互联网企业中，很多项目组都是由一个 BOSS 独立带领的。而且，有些小组成员还有可能是刚入门的新人，还不能独立负责一项工作。在这种情况下，项目组的负责人必须要身兼数职，如运营、产品、市场、BD（商务拓展）等工作，如图 7-1 所示。必要的时候，项目组的负责人可能连平面设计的工作都要一起做了，这样的工作强度，实在让人望而生畏。面对这样的高压历练，坚持不下去的就自动选择了换岗，而那些坚持下来的，就成长为了“运营多面手”。

图 7-1　项目组 BOSS 工作职责

说到这里，可能大家还是会觉得有些抽象，下文中，我将从三个角度向大家详细介绍全栈运营。

1. 全栈运营的具体形态

（1）全栈运营≠全能运营

事实上，要想真正做到“全能”是十分困难的。当然，我们并不排除这世界上确实有一些全能级别的人，无论是产品策划、运营推广，还是用户留存、商业规划，他们操作起来都得心应手，运营技能满分，但这样的人才实在是少之又少。而且，人的精力是有限的，随着后续业务的展开，他们也无法参与所有的事情。

所以，这里的“全”并非是指“全能”，而是指全流程掌握和全业务熟悉。这里所讨论的“全栈运营”，也并不是指要做运营工作的“万金油”，而是指要做运营工作的“多面手”。

（2）全栈运营是整体运营工作的操盘手

我曾经在多个场合公开强调过，“全栈运营”更接近操盘。这是因为，运营本身就是一个综合性极其广泛的领域，“全栈”的价值就在于能够从零开始，建立一个运营项目，能够使这个项目无碍地运转起来，并且知晓这个项目在运营的过程中有哪些是需要优化和改进的。

通俗地讲就是，“全栈运营”既明确自己负责的工作内容，也知道前面步骤和后面步骤的工作内容。在工作中，他们能够做到往前多看一步，往后多想一步；在此基础上，他们还能够明确知晓该用什么方式去更好地推进自己的工作，以及更好地与前面步骤和后面步骤衔接。

京东在这方面给我们做出了很好的示范。在京东，我们的每一位运营官就是一位全栈运营的“多面手”。以我自身为例，我是京东商城的运营总监，掌握着每一步的正确运营方式，负责将渠道、内容、用户、数据等工作模块连接成一个整体，经过不懈努力，我最终成功地改变了京东商城原来各自为政的割据状态。

（3）全栈运营和产品营销的界限会逐渐模糊

从未来的发展趋势来看，全栈运营和产品营销的界限会逐渐模糊。一方面，运营人员会逐渐知晓和掌握产品知识；另一方面，产品营销人员也会逐渐熟悉和理解运营知识。我们都知道，相比产品营销，运营岗位离用户更近，而用户随着体验经验的积累和体验需求的提升，对产品知识的需求也会越来越多。在一个互联网企业内部，运营和产品两个岗位的相互互补、相互融合，实际就是全栈运营，也可以称之为“全栈产品”。

需要注意的是，全栈运营人员本身必须具备几个拿手技能。一般来说，不同的“全栈”也有不同的倾向性，如果将全栈运营人员的技能树看成一个等腰三角形的话，他们最擅长的领域就位于三角形的顶点。假如一位全栈运营人员的最拿手技能是内容运营，那么他的技能树结构应该是这样的，如图 7-2 所示。

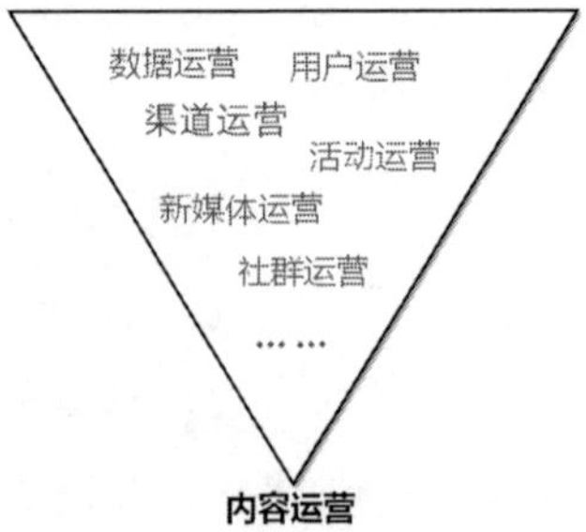

图 7-2　全栈运营技能树

2. 我们为什么要成为全栈运营人员

要解答“我们为什么要成为全栈运营人员”这个问题，我们还是要回到运营行业本身。

运营其实是一个很年轻的职位。早期的运营岗位从本质上来说，其实是一种缺乏体系理论指导的，以简单的方式进行的职位配置。例如，在京东的早期，我们对运营工作没有过多的要求，也没有过高的期望，只是因为需要有人去做这项工作，于是便没有过多要求地召集了一批人。这个阶段的运营工作，其实也是一个从无到有的过程。

虽然如今的运营领域已经和产品领域、研发领域一起成了“互联网铁三角”，但是，最早的运营是站长、编辑、群主等一群最早的互联网人，利用自己在刀耕火种的蛮荒互联网时代所积累的市场营销、数据分析、文案创意等方面的知识，出于工作内容的需要，草创出来的。

在这个过程中，我们实际是简单粗暴地以工作内容划分了工作岗位，比如内容运营、活动运营、用户运营等，硬生生对运营这个综合性很高的行业进行了割裂。

问题是，运营行业究竟需不需要、应不应该以这样的方式划分职位呢？

在我看来，答案是否定的。一方面，面对单一的工作内容，从事运营工作很容易便会触摸到职场天花板，不利于运营人员的职业发展；另一方面，这样的方式，也不符合运营未来的发展趋势。

这样说，大家可能还无法很好地理解，那么，我们再来看一个案例。

假设 A 的职位是微信公众号的内容运营，那么 A 所负责的工作就是公众号文章的内容采集和排版编辑。当 A 勤勤恳恳工作一两年后，他的文章写起来已经得心应手了，而且文章的阅读量也有了稳定的提升，换言之，此时的 A 已经触摸到了自己职业的天花板，在做内容运营方面很难再有更大的提升空间。那么此时，A 最好的选择便是，晋升成为内容运营主管或者内容运营经理，到达自己的职业生涯顶端，除此之外，A 很难再有更好的发展。

事实上，如今在许多的大公司，运营员工的工作岗位和工作内容都属于“螺丝钉”性质，一个萝卜一个坑，他们的本职工作确实做得不错，可是却并不能胜任其他模块的工作。这也是如今许多运营人员在职场遭遇到的最大困局。

内容运营助理—内容运营专员—内容运营主管—内容运营经理，这便是以 A 为代表的传统运营人员的职业发展之路。

探究了个人发展，我们再来解析运营行业的发展。

像 A 这样从事某一模块运营的员工，往往只会专注于自己的本职工作，他们并不能全方位地了解运营体系、掌握运营工作。在实际的运营工作中，我们常常会看到，很多内容运营人员虽然文笔很好，却把握不准内容的重要核心、不了解用户的深层需求；很多渠道运营人员并不能明确用户后续的行为转化得如何、哪个关键词最好、哪类用户最棒；很多用户运营人员的留存率始终提升不上去、用户问题难以确认……

除此之外，目前从事运营的人员还有一部分是跨行业转过来的，比如传统媒体的编辑、市场营销人员等跨行成为新媒体运营人员、内容运营人员、渠道运营人员等，这在新媒体的转型时代是十分常见的。而这些“半路出家”的转行者，在工作的过程中，往往仍然保留着过去的思维习惯和工作传统，并不能完全地理解和消化真正的运营业务。

其实，无论是上述哪种情况，都不难看出，目前传统的割裂式运营其实是无法很好地驱动运营工作的，也无法契合运营行业的未来发展趋势。也许在几年前，这样的运营分工并没有什么不妥，因为那时候的互联网模式更多的是依靠产品概念来获得用户，对运营工作的要求相对宽松。然而，在互联网技术发展日新月异的今天，企业决胜的关键已经不再仅仅是依靠产品概念，运营工作也发挥了越来越重要的作用。

而全栈运营，是各种工作的积累，强调的是做运营多面手。它的能力结构呈现倒三角形，它的存在能够打破运营职位割据的局面，能够全方位地驱动运营行业的发展。因而，无论是对于员工的个人发展前景，还是对于运营行业本身的未来发展，全栈运营都具有重要的推动作用。

从这个角度来讲，全栈运营是十分必要的。在我看来，一位优秀的运营人员最好的职业发展之路应该是这样的，如图 7-3 所示。

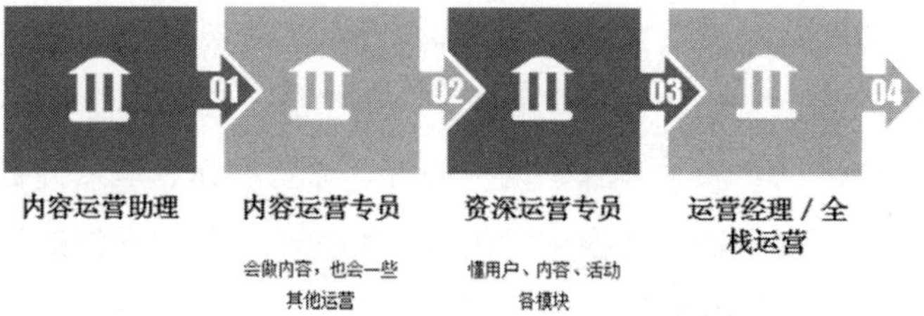

图 7-3　优秀运营人员的职业发展之路

3. 全栈运营的出现是一种必然

以上解答了“我们为什么要成为全栈运营人员”这个问题，接下来，我将和大家探析全栈运营出现的前提条件和必然性。

（1）运营理论的快速发展催生了全栈运营的产生

时代在发展，运营行业也在不断发展，如果说 5 年前的运营行业还处于刚刚起步的阶段，那么如今的运营行业就已经呈现出了百花齐放的局面，各种新型运营方式如雨后春笋一般，层出不穷。在互联网企业，你随便找一个刚入门的运营新人，关于拉新、促活、留存、传播、社群转化的理论，他都可以说得头头是道。

在 3 年前，企业要培养一位运营专员，无疑需要花费大量的时间和精力，而如今，随着运营知识和运营理论的普及，企业培养一位运营专员已经变成了一件相对简单的事情。

诚如如今一个高中生掌握的知识，是人类数百年文化和科学的精华，在一个世纪以前，可能只有精英人士才能掌握一样，随着运营知识从贫瘠无序一点点走向成熟普及，现在，运营新人无论是掌握的运营知识，还是获得知识的渠道，都要比几年前的运营人员更好、更广、更新。

正所谓前人栽树、后人乘凉，如今，全栈运营的学习成本已经大大降低，运营知识和运营理论都在飞速地发展，而这些正是全栈运营出现的基础。

（2）运营工具多样化为全栈运营的产生奠定了基础

随着互联网技术的蓬勃发展，互联网行业已然告别了 Office 三件套打天下的时代，行业内面向个人和面向企业的产品、工具都越来越多。例如，与微信文章编辑、H5 页面制作、网页统计、原型制作、埋点分析、网络爬虫、活动发布、AB 测试、数据可视化等相关的由第三方提供的各类运营工具已经越来越被人们熟悉和喜爱。

对于互联网企业而言，运营工具的多样化使得以前需要几个人协助完成的工作，现在可能一个人就可以完成了，这便为全栈运营的产生奠定了良好基础。

例如，企业需要发布一场活动，那么运营人员就可以利用第三方提供的各类运营工具对用户进行全方位的了解和调查，并组织安排发布活动、布置统计、调用积分或商品店铺接口等工作。

总之，运营工具的多样化使运营人员的工作效率得到了极大的提高。众所周知，运营本身就是一个综合性很强的工作，当前，运营人员所面临的最大问题可能不是缺乏好的工作，而是缺乏一双善于发现好的运营工具的眼睛以及一份积极学习运营工具使用方法的热情。

（3）全栈运营的出现是时代的需要

如今，面对激烈的竞争环境，要想让一个好的产品在众多同类产品中脱颖而出，我们就必须在运营方面下功夫。随着时代的发展，企业对运营工作的要求也在不断提高，以前，没有过多要求地选一个人也许都可以做运营工作，而现在，运营工作需要更专业、技能更娴熟的人才。这一切的变化，都归因于运营工作在当今时代已经发挥着的越来越重要的作用。

过去，外企曾经很流行通过轮岗和培训建立人才梯度的模式，也就是所谓的“管培生”模式。全栈运营也借鉴了这一模式，并且运用得更深刻、更彻底。也就是说，如果你想成为一位好的全栈运营人员，你就必须通过轮岗和培训的方式，全面掌握用户、内容、活动等各类模块的知识。

从某种程度上来说，运营人员的目的就是解决各类模块中存在的问题，而全面掌握这些模块的知识，就等于掌握了解决问题的手段。

事实上，如今许多的运营人员已经逐渐走向了全栈运营的发展道路，他们不再专注于某个单一的领域，而更强调向多领域发展，他们既要会制作 H5 页面、会编辑微信，又要会做数据分析、会撰写文案。通过从事多领域的工作，他们的综合能力也得到了进一步的提高，他们已经不能再单纯地被定义为用户运营人员或者活动运营人员了。

换言之，在如今的许多小型互联网公司中，全栈运营已经成了一种尚未公开的风尚。这种风尚的产生，正契合时代的发展需要。

然而，有人把全栈运营比喻成一个“圈套”，也有人形容全栈运营为一场“魔术表演”。事实上，“圈套”也好，“魔术表演”也罢，揭开全栈运营的神秘面纱，它的原理其实十分简单。即便如此，它依然能俘获到许多的普通人的心。

对于全栈运营，我想分享一点我对这个新兴岗位的认知。互联网运营是一个日新月异的行业，关于其未来运营形态的发展，谁也不能轻下断言。

可以肯定的是，在未来，全栈运营一定会越来越重要，而我们当前的任务，就是要更好地去了解它、运用它、驱动它。

7.2 完成这四步，还有谁说运营人员是“打杂”的

运营人员的职业发展是从“杂”到“专”再到“全”的过程，大部分人还处在“杂”的阶段，能做到“全”的运营人员可以说是少之又少。

虽然我们运营人员要把“一专多能、全栈运营”当成职业发展的目标和方向，但是，一味求“全”也是不现实的。一个人的时间和精力毕竟是有限的，不可能在所有的运营技能方面都做到“全而且精”。而且，贪多求全的心理会导致什么都会一点，但是每样都不精的结果，这种浅尝辄止的学习会对运营人员的职业发展带来很大的伤害。因为，“什么都懂一点”就相当于什么都不懂，这样的运营人员在职场上是没有竞争力的。

对于大多数运营人员来说，从点到面地发展自己的技能才是最合适的，即精通某项技能，形成竞争壁垒，再向外扩展其他技能，形成“一专多能”的知识技能体系。行业内的大多数运营人员并没有进入“专”的领域，还停留在“杂”的阶段。所以，运营人员给很多人的印象就是入门“门槛低”“打杂”的，这是外界对我们的误解，也是我们急需摆脱的现状。

连专精一门都没有做到，又怎么向全栈运营的方向发展呢？在本节中，我将和大家探究运营人员如何在单个领域深耕，以摆脱“打杂”的角色，并逐渐发展为全栈运营。

1. 定点定向：明确自己的职业发展方向

中国互联网发展的初期，很多企业在模仿国外模式的基础上进行本土化创新，走出了一条属于中国互联网领域的发展道路，互联网运营也是这条道路中的独特产物之一。运营这个岗位是中国互联网行业中的重要一环，中国互联网运营人也是一个特殊的群体，我们既是互联网运营的践行者，也是开拓者。

在这样的背景下，我国的互联网运营人的职业发展道路，只能靠自己去摸索和总结，在第 2 章中，我已经为大家介绍了运营职业的整体发展路

径。在本节中我将从运营工作内容的角度，来讲解运营职业技能的培养和发展。

一般来说，运营工作按内容可分为内容运营、活动运营和用户运营等，所以，我们在确定自己的职业发展方向的时候，可以在这几个类别中选一个来进行深耕。

在运营工作中，我们常常强调“结果导向”，在确定自己的职业发展方向时，我们也可以运用这种思维。没有方向的努力是盲目而无用的，这样的“努力”还不如什么都不做，只有找到了明确的目标，我们才能做到有的放矢。所以“定点定向”十分重要。在确定自己的职业发展方向时，我们要考虑以下两个问题。

- 我要什么？
- 我有什么？

第一个问题是要明确自己的未来目标，第二个问题是要考虑自己的实际情况。只有综合考虑这两个问题，我们才能找到最有效率、最实际的突破方向。不结合实际情况，把目标定得太高，反而会对我们的职业发展不利。

很多运营知识都是相通的，在内容、活动、用户等方面的运营工作中，有很多思维和逻辑都是可以通用的，如果我们能成为某一方面的运营专家，那么，在其他方面也便能触类旁通。明确了努力方向之后，我们接下来要做的就是学习相关技能了，例如，参加相关培训、阅读专业书籍、学习相关的工具和技能等，这些都是我们在发展职业技能的道路中必须要做的事情。

然而，现实的情况并不总是如我们所愿，每天的工作任务并不会减少，老板也不会让我们想做什么就做什么。暂时接触不到重要的工作，我们只好在继续“打杂”的同时，利用自己的业余时间“充电”了。

那么，我们要怎样才能尽快接触到核心工作呢？方法只有一个，那就是向老板证明自己，让老板知道，我们可以胜任更重要的工作。下文中，我将进一步地探讨应该怎样才能让我们的工作更有效率。

2. 纵观全局：学会与人合作

任何工作都需要团队协作才能顺利完成，运营工作更是如此。有时候我们做一场活动，便需要设计部门帮忙修图，需要技术部门帮忙埋点，还需要业务部门提供有关资源。我们在运营工作中要善于与各个部门进行协调和展开配合，一场活动，一个项目就是在不断的摩擦和合作中推进的。

运营工作最忌讳闭门造车，合格的运营人员一定要懂得整合和利用身边的资源；跨部门合作也是运营工作中的常态。具体而言，从项目产生到执行落地，再到用户反馈的整个流程都有运营人员的参与，所以运营人员一定要学会纵观全局，做到对项目心中有数。

在很多运营人员心中，跨部门合作是一件很难的事情，因为说服对方优先考虑我们的需求并不容易。所以，运营人员还要提高自己在跨部门沟通时的说服力，以获取更多的资源。关于如何提高运营人员跨部门沟通的说服力，我有如下几点建议。

首先，我们应该了解友方部门的 KPI，再从中找到双方的共同目标。

其次，我们提出的需求最好是在短期内能看到结果的，这是为了能快速试错。与友方沟通时，要用事实和数据说话。

最后，我们要为友方部门提供备选方案，给友方一定的选择权。

3. 结果导向：讲究方法、提高效率

运营讲求效率，所以，我们在开展工作的时候要遵循“结果导向”的原则，明确了目标和方向之后，我们才能更高效地去实现运营目标。

（1）制定目标：SMART 法

在开展一个项目之前，我们首先要制定目标，有了目标我们才能衡量结果，优秀的结果一定是超越或完美契合目标的。在制定目标的时候，我们可以运用 SMART 原则，基于这种原则制定的目标可以使结果量化，方便我们及时调整策略。

大家可能也接触过 SMART 原则，在此，我将对其进行简单的介绍，如图 7-4 所示。

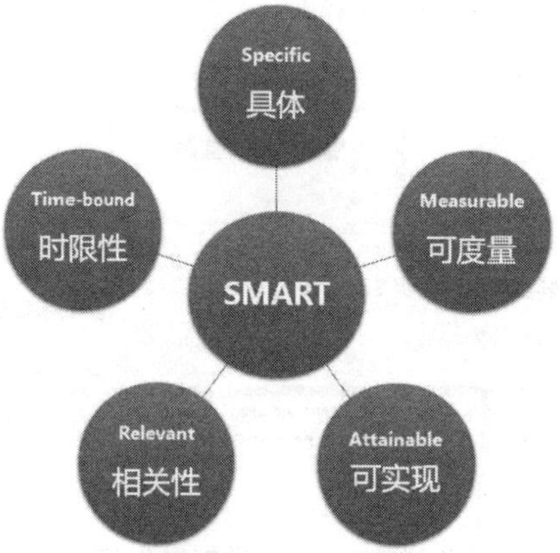

图 7-4　SMART 原则

“S” 代表 “Specific（具体）”，我们制定目标时一定要具体详细，不要过于笼统。

“M” 代表 “Measurable（可度量）”，我们所制定的目标一定要是可度量的，在项目流程后期，我们可以通过数据来判定目标是否达成。

“A” 代表 “Attainable（可实现）”，目标应该是可以通过努力实现的，过高或过低的目标都不合适。

“R” 代表 “Relevant（相关性）”，此目标与其他目标应该具有关联性，换句话说就是，实现目标 A 或目标 B 都有助于达成最终目标。

“T” 代表 “Time-bound（时限性）”，时间的限制能使我们提高工作效率，提升专注度。

（2）解决问题：善用 MECE 原则

MECE 原则是指 “相互独立、完全穷尽”，即 “不重叠、不遗漏” 地把一个大议题拆分成无数个小议题，再逐个击破。这是一个非常实用的原则，能帮助我们解决很多运营工作中的问题。

例如，我们策划了一场活动，目标是让销售额增加 50%，那么我们可以把目标拆分成以下几个部分，如图 7-5 所示。

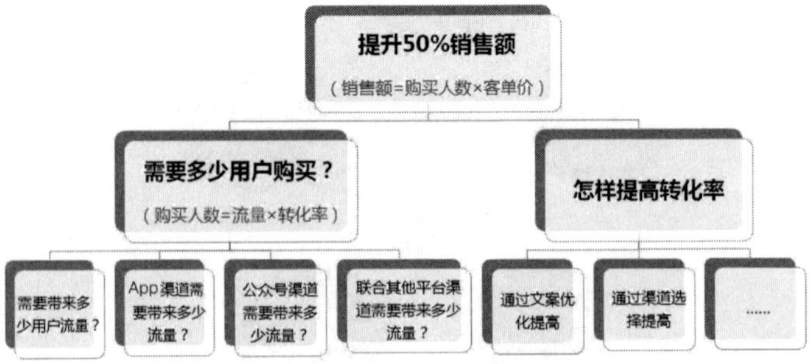

图 7-5　根据 MECE 原则拆分问题

以此类推，我们可以将问题分解为一个个最终可以落实的具体的操作为止，一般认为每一级的问题数量不会少于两个，也不会多于五个，其中又以三个为最佳。

（3）合理分配精力：二八原则

“二八原则”又叫少数关键法则，发现这一原则的意大利经济学家帕累托认为：在任何一件事务中，最重要部分只占 20%，其余的 80%都是次要的。运营工作同样如此，重要而且核心的工作内容也只有 20%左右，其余大约 80%的工作都没有那么大的价值。

那么，这 80%的次要的工作我们还要不要做呢？答案是我们当然要做，如果连上司交代的工作都不能好好完成，那么我们的职场生涯就岌岌可危了。而且，这 80%的次要工作是我们的工作能力发生质变之前的积累，只有“厚积”才能“薄发”。

但是，我们在工作时一定要合理分配自己的时间和精力，那 80%的次要工作不应该占据我们太多的时间，剩下的 20%的工作才是我们要集中精力去完成的。无论对我们自己，还是对企业来说，这 20% 的工作才是最有价值的工作。

做客户关系维护的人都会对客户进行分类，而不同类客户的价值是不一样的，客户关系维护人员对他们的重视程度也有所不同。同理，做用户运营的人在核心用户、活跃用户和沉默用户身上耗费的精力也是不一样的。

在运营工作中，我们不可能做到对任何用户都一视同仁，在工作事务上也不可能做到平均分配时间和精力，所以，我们要分清工作事务的轻重缓急，合理安排自己的工作。

（4）反馈结果：一切用数据说话

我们在前文提到了 SMART 原则，这个原则的其中一点就是“可度量”。我们做任何事都是要看结果的，而结果的量化对运营工作来说非常重要。因为，对老板而言，数字和图表的说服力比话语和文字要强得多。

因此只有拿出了能证明我们能力的成果，老板才会更加信任我们，进而把更重要的工作交给我们去做。所以，在向老板汇报工作成果的时候，我们要用数据说话。一般来说，数据的来源有两个：一是产品内的数据，这类数据来源比较真实可靠；二是第三方的数据，比如来自 ASO100、酷传、百度指数、微博话题榜、新榜、艾瑞咨询等第三方平台的数据，这类数据来源比较权威和专业。

4．放长线、钓大鱼：关注重要不紧急的工作

大多数人都会把工作按重要程度和紧急程度来排序：重要紧急>紧急不重要>重要不紧急>不紧急也不重要。

这样的排序从短期看来是非常合理的，因为这种排序方式考虑了事件的紧急性，在时间紧迫的情况下，紧急的工作优先于重要的工作。毕竟，在我们大多数人看来，一张准时上交的 85 分考卷，要好过一张迟交的满分考卷。

不过，从职业发展的角度来看，重要不紧急的事值得我们留出更多时间去解决。比如自我提升这件事，我们可以用很长的时间去做这件事，去学习并提升工作技能，虽然这件事没有时间限制，但是它对我们的职业发展和个人前途的影响却很深远，它并不紧急，却非常重要，我们必须为它留出时间和精力。

如果我们在生活和工作中，一次次地把重要不紧急的事往后推，把时间全部用在重要紧急和紧急不重要的事情上，那么我们何时才能完成自我的积累和成长呢？所以，我们始终要把那些重要不紧急的事记在自己的日程表上，每天留出些时间去完成它们，只有这样我们才能储备足够的工作底蕴，让我们的职业发展之路走得更加顺利。

总而言之，身为运营人员，我们既要明确自己的职业发展方向，制定合理的目标，又要学会与人合作，还要讲究方法、提高效率，同时要懂得“放长线、钓大鱼”，关注重要不紧急的工作。通过自我的积累和成长，我们就可以在潜移默化中产出优秀的成果向老板证明自己，进而实现由“杂”到“专”再向“全”的跨越，彻底摆脱“打杂”的尴尬定位。

7.3 如何运用全栈运营的思考逻辑

相比细分领域的运营类别，全栈运营有一套更完整的思维方式，全栈运营人员看问题的视野也更加全局化，他们能在战略、战术和执行这三个不同层面进行多维度的思考。

建立全栈运营的思考框架

任何事物都是由许多相关联的要素组成的，这些要素组合在一起构成事物的整体面貌。而全栈运营思维方式就是把事物进行拆解后，再重新组合形成一个框架，所以这种思维方式又叫作“全栈运营的思考框架”。

运营高手在面对问题时总是能一针见血、直指核心，这是因为他们已经找到了问题背后的关联要素，对问题进行了拆解，并建立起了一个完整的思考框架。想要成为全栈运营高手，就要掌握这种思维方法，随时建立自己的思考框架，对工作形成全面的认知，再在工作的过程中，慢慢地往思考框架中填充信息，将思考框架不断完善。

建立思考框架的方式有以下四种。

（1）拆解任务：分支方向式思考框架

这种方式主要用于完成那些宽泛不具体的工作任务，如图 7-6 所示。面对这类工作任务时，我们可以先为工作任务设定一个思考框架，再根据目标把工作任务拆解成多个维度，完成其中任意一个维度的工作都有利于工作目标的实现。

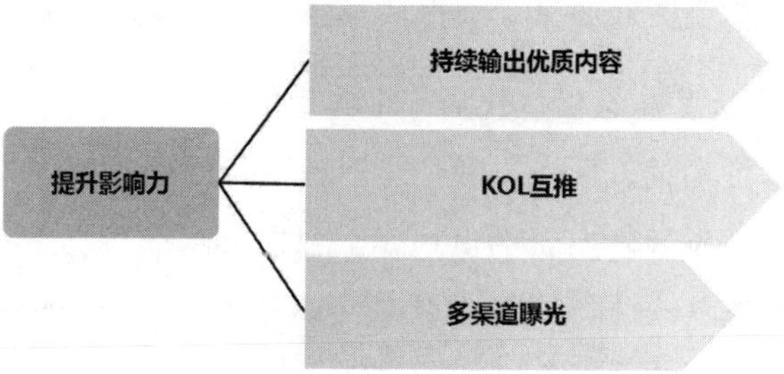

图 7-6　分支方向式思考框架

（2）组合关键要素：公式思考框架

任何一个可量化的目标都可以被拆解成几个关键要素，我们可以把关键要素和目标组合成一个公式思考框架，如图 7-7 所示。

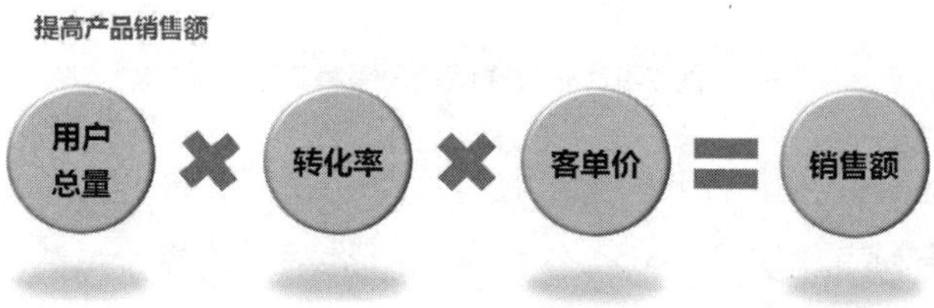

图 7-7　公式思考框架

（3）分解流程：工作流程式思考框架

任何一项具体工作都有其具体的实施流程，我们也可以通过分解工作流程来建立工作流程式思考框架，如图 7-8 所示。

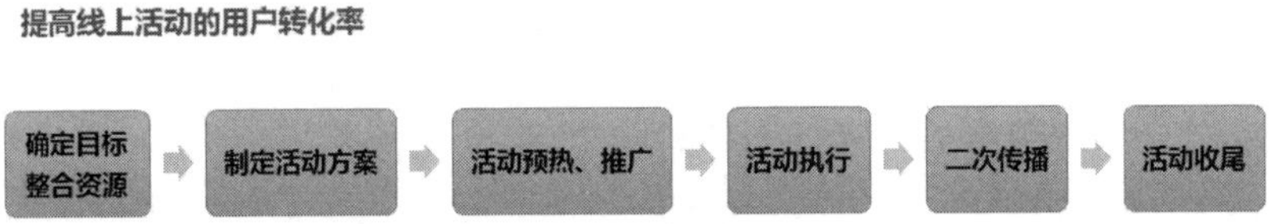

图 7-8 工作流程式思考框架

（4）把问题具体化：开放式问题思考框架

在面对一些开放性或概念性问题时，全栈运营人员应该如何建立思考框架，并给出可行的解决方案呢？开放性问题的特点就在于不确定性，所以，我们要从中挖掘关联要素，并形成具体思路和落地方案。

例如，“用户运营怎么做”就是一个典型的开放性问题，其中“用户运营”是一个概念性名词，所以，我们可以把这个问题拆解成具体环节，形成开方式问题思考框架，如图 7-9 所示。我们可以把问题变成“用户运营可以解决哪些问题”，这样一来，我们就可以从中挖掘出一些关联要素，进而推动工作目标的完成。

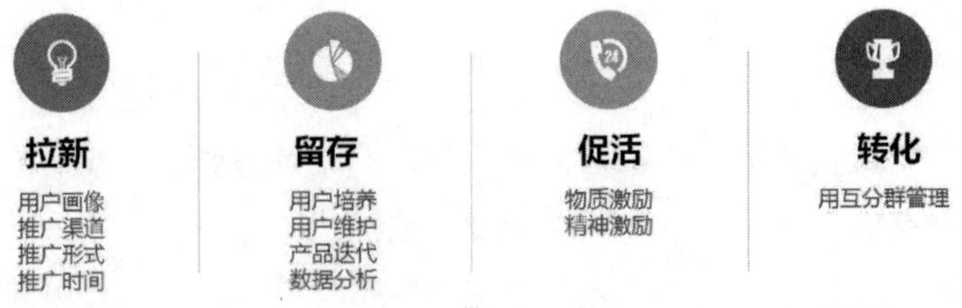

图 7-9 开放式问题思考框架

以上就是四种典型的全栈运营思考框架，我们在平时的工作中，可以结合工作目标和工作资源，对工作任务进行拆解，选择合适的思考框架来解决问题。

无论选择哪种思考框架，我们都要明白，全栈运营的思考逻辑就是“拆解问题”，只有对问题进行拆解，我们才能摸清工作的脉络，找到工作的关键要素，并给出合适的解决方案。

7.4　我是如何成为高薪全栈运营人的

在撰写本节时，我仔细回忆了我从踏进互联网运营的大门，到如今被业界称为“运营大牛”的经历。我一直在思考：“这样的标题，这样的说法，对于那些对运营工作充满激情却还没有达到‘全栈运营’阶段的人来说，会不会缺乏客观性？”

其实，人的一个显著的优点就是具有超强的可塑性，正是由于具有这种特性，才让每个人都具有无限的潜能。我们应该清楚地认识到这一点，不要让自己被消极的“自我暗示”和“大众认识”所束缚。

我认为，任何一个对运营工作充满激情，并且好学上进的人，都可以把运营工作当成自己人生和事业的起点。在这里，我将和大家认真地探讨如何才能成为一位优秀的高薪全栈运营人。

运营是一项“看起来简单，做起来难”的工作，在第 2 章中，我已经为大家介绍了运营职业发展的五个阶段，这五个阶段当然是越往上越具有挑战性，相应地，当你达到第四阶段和第五阶段之间时，就基本实现了财务自由，你的人生也便是另一番境界了。

在大家憧憬着运营职业的美好前景时，我要先请大家回到现实，我们需要从头开始梳理自己的运营进阶之路。

1．别嫌弃小事，也别害怕大事

运营工作的细致、繁杂是众所周知的，而且时不时还会发生一些“闹心”的小事。

以用户沟通工作为例，在产品刚上线时，运营人员面对的用户都相对专业，他们对产品的需求也很强，和他们沟通是比较轻松和高效的，我们既能从中获得很好的用户反馈，也能传播产品的价值。可是当产品进入成长期以后，用户数量急剧增加，对运营人员来说，与用户沟通的工作量也随之大幅增加，工作压力可想而知。

虽然我们可以出台相应的用户沟通机制，还可以通过 UGC 的方式请用户自己解决问题，甚至可以采用机器人回复。但无论哪种方式，都不是一朝一夕能够落地实施的，都需要一段时间后才能投入使用。

那么，中间的这段“空窗期”要怎么办呢？有些运营人员认为，对用户的提问，能回就回，不能回就算了，毕竟用户总量这么大，有几个没回也没什么影响。我不同意这个观点。

众所周知，如今互联网产品的同质化现象已经越来越普遍，在这种大环境下，互联网企业就会特别注重运营能力和服务能力，每一个优秀的产品和品牌也都离不开“十年如一日”的优秀服务品质的积淀。需要注意的是，那些询问、吐槽、挑刺的用户反而是潜在的“优质用户”，因为他们相比较而言更关注产品。如果运营人员能够始终坚持用优质的服务面对用户，就有可能把这部分用户转化成产品的“铁杆粉丝”。

况且，这些用户中也许还隐藏着 KOL、行业大咖、名人、明星等，如果我们用优质的服务打动了他们，是不是间接地为产品做了一波高效推广呢？

我曾经就在体验某款刚上线的 App 时，被其运营人员的服务所打动，后来，我不仅在自己的公众号中提到了该产品，还向周围的朋友推荐了该产品，这无形中也为他们的产品提升了不少的曝光度。

所以，优秀的运营人员应该“不以事小而不为”，不应该怠慢任何用户，要始终坚持高质量的沟通、高品质的服务。我相信，只要我们坚持用心服务用户的初心，就有可能遇到“正向黑天鹅”事件（正向黑天鹅事件是指那些无法预料、突然发生却带来极大好处的事件）。

除此之外，优秀的运营人员在遇到大事时也要勇于担当，做到“不以事大而避退”。数年前，我曾在某公司担任运营总经理，有一次，公司在召开面向全国渠道商的大型新品发布会时遇到了突发情况，某项产品的总负责人因故不能上台介绍产品。相关人员居然打算让主持人“照本宣科”，想就这样把这个环节敷衍过去。

我当然不同意这种做法，因为台下坐着的渠道商全都是优质的合作伙伴和潜在用户，随意敷衍会给我们的产品造成巨大的损失。于是，我便揽下了介绍产品的任务，经过连续两天的精心准备，我最终站上了讲台。从台下渠道商的反映来看，我的这次宣讲还是起到了很好的效果的，大家热情地展开了互动，其效果远不是主持人随意读过能够比拟的。

2. 在学习中运营，在运营中学习

互联网行业的飞速发展令人惊叹，也令人敬佩，无论是商业规则，还是人才知识都在以飞快的速度更新着。如果我们想跟上这种节奏，就要把“终身学习”作为座右铭。“海纳百川，兼容并蓄”也是一位优秀运营人员应有的心态，运营人员只有保持着开放的心态，并坚持学习，才能适应互联网行业的发展速度。

运营工作具有“多变”的特性，可以说除“以用户为中心”的主旋律保持不变以外，其他的所有工作内容、工作方式、工作对象、运营渠道、平台特性全都在快速地发生着变化，包括运营知识体系本身也在发生着变化。所有的这些变化，都在提醒着我们要跟紧时代的步伐。

对运营人员来说，技多不压身，技能越多，机会自然也就越多，也便能适应更多的时代挑战。

俗话说“条条大路通罗马”，每一个运营目标都能用好几种运营方法去达成。这些运营方法之间最大的区别就是“投入产出比”，可以说，运营竞争的本质就是“投入产出比”的竞争。

一款新产品要吸收新用户，可行的办法有很多，线上的渠道有广告联盟、百度 SEO、自媒体大 V 推荐、大号互推等，线下的渠道有广告投放、节目赞助、大型地推活动等。

理论上说，这些方法都是可行的，但是在资源有限的情况下，我们只能选择“投入产出比”最优的那种方法。可是，由于产品、用户特征、推广渠道都在发生着变化，实际上我们没有现成的方法可以套用，哪种方法的“投入产出比”最高，我们也不容易确定；对互联网运营来说，过去的成功经验，也大都是不可复制的。

所以，优秀的运营人员必须有独立思考的能力，还要有产品迭代的意识。面对运营目标，我们要能够迅速地制定可行的运营策略，敢于不断地进行尝试，并根据用户数据反馈，及时地对运营策略进行调整。

此外，运营工作中有许多重复而琐碎的操作，运营高手应该想办法找到一种工具和模板，将重复的劳动自动化，从而解放生产力和释放工作压力，显著地提升整个团队的战斗力。这也是一种高阶的运营能力。

例如，某产品的后台每天都会收到用户的上千个问题，可是其中有八百多个问题都是重复的或雷同的。此时，如果我们能整理出一套自动答疑系统，通过匹配问题的关键词自动回答用户提问，就能极大地提高工作效率了。

对于那些高频重复的后台数据操作，我们完全可以将需求整理后提交给研发部门，也许研发部门只需要投入很少的工作量便能开发出具有针对性的解决方案，从而大大提高公司的整体运营效率。

3. 优秀运营人员应具备的四观

优秀的运营人员应该具备先进的思考观、处事观、格局观和管理观，如图 7-10 所示。

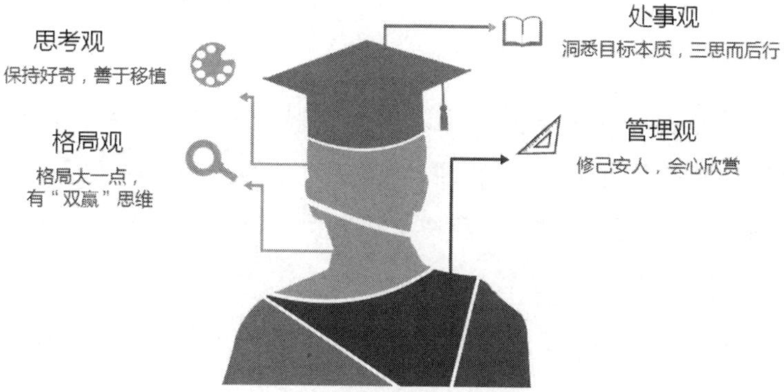

图 7-10　优秀运营人员应具备的四观

（1）思考观：保持好奇，善于移植

竞争激烈的商业文化氛围决定了大家的商业嗅觉都很灵敏，一旦某种商业模式火了，大家就会纷纷跟进，运营行业也是一样，某种运营方法取得成功后就会被其他的企业复制和“借鉴”。这就使得一种运营方法不宜多次使用，因为用户会产生审美疲劳。

互联网用户的注意力是一种稀缺资源，那些不具备独创性的运营策略很难吸引到用户的注意力，盲目跟风的做法很容易让自己的产品陷入困境。爱因斯坦说过“想象力比知识更重要”，这在互联网行业同样适用。

从我国互联网行业的现状中，我们可以看出，在未来，知识获取的门槛只会越来越低，而创新能力则会成为更重要也更稀缺的能力。所以，想成为运营高手就要让自己具备持续创新的能力。

当然，创新也要把握好“度”，如果我们创造的东西超过了用户的认知临界点，那么用户就会看不懂，这样的创新对用户来说是没有意义的。

那么，我们要如何在“安全”的范围内进行创新呢？

我们的创新应该更“接地气”，灵活移植其他领域的模式就是一个很好的方法。例如，很多人都很喜欢玩游戏，这是因为游戏具有趣味性强、启动简单、经验和反馈可量化的优点，游戏中的成就体系和竞争机制也是吸引众多玩家的主要因素。

善于移植的运营人员完全可以借鉴游戏的一系列优点来进行产品运营。以短视频产品为例，我们可以借鉴游戏中的“经验值”模式，通过量化用户的行为，如登录时长、获赞次数、用户停留时间等，让用户直观地感受到自己的成长。

我们还可以借鉴游戏中的竞争机制，比如利用积分、排行榜的形式来激励用户持续使用产品。游戏中的成就机制也十分值得借鉴，我们可以向用户发放各种设有成就门槛的“勋章”和“等级”，以此来提升老用户的忠诚度和新用户的活跃度。

我们要想成为一名优秀的运营人员，还要对世界保持好奇。好奇心能让我们不断地发现生活的美好，也能激发我们的运营灵感，运营灵感经过提炼就能成为独特的运营创意。

（2）处事观：洞悉目标本质，三思而后行

我们常说，运营人员的执行力十分重要，可是高执行力并不一定能带来完美的结果，因为执行力高并不代表思考能力强。优秀的运营人员要时刻保持“三思而后行”的好习惯。在行动之前，我们要充分理解运营目标的本质，因为它是找到最佳运营策略的基本前提。

没有深入解读运营目标就行动，会使我们踏上错误的道路，得到错误的结果。在运营工作中，最可怕的不是没有达成目标，而是费了九牛二虎之力却发现自己的方向错了。

例如，我们要运营一个微信公众号，接到这个任务后我们一定会告诉自己：我要做好这个公众号。首先，为自己定一个大目标：一年涨粉 6 万。要怎么实现这个目标呢？按常规的做法，应该先申请预算，再做活动“吸粉”，然后根据粉丝的口味，尝试几种不同类型的内容，哪种内容阅读量高、转发量多就写哪种。我们还可以跟其他大号互推，或者给团队成员分配指标，动员大家的亲戚朋友都来关注这个公众号。

可是，这样做真的有效吗？是不是有种哪里不太对的感觉？这样的“涨粉”方式真的对公司产品有利吗？我们不妨先停一停，一起来分析这种做法的利弊。

让我们先回到最初的目标：做好公众号运营。什么是真正的“做好”呢？我想公众号必须要服务于目标用户，为用户提供真正的价值，对用户产生影响力。我们的公众号运营就要围绕着这些要素展开。

所以，我们要调整目标，比如把“涨粉 6 万”改成：让公众号获得粉丝 1 万名，其中 90% 应为潜在用户，用户活跃率要保持在 50% 左右。目标改变了，后续的运营策略当然也会有所调整。

如果我们没有明确目标的本质，就开始制定运营策略，最后即使公众号真的有了 6 万粉丝，KPI 数据也提升了，但实际上运营目标并没有完成，因为在这种情况下获得的粉丝大都不是真正有价值的用户。运营技巧和工具都可以通过个人的努力去学习和掌握，但洞悉目标本质的意识却需要长年累月的培养、磨炼和积累，我们在平时的运营时间中要注意多思考，让自己养成先明确目标本质，再采取行动的工作习惯。

（3）管理观：修己安人，会心欣赏

如果我们能做到本节中提到的所有要点，那么我们一定可以成为一位优秀的运营人员。接下来，我们来解读优秀运营人员应具备的管理观。

在我带领的团队中，所有成员都把工作当成自己的事业去拼搏，全心全意为产品服务，为公司服务。当大家有好的运营创意时，都会毫无保留地提出来，由所有团队成员共同讨论。在遇到突发状况时，团队成员也会自觉地加班加点完成工作。

其实，我并没有什么特殊的管理方法，我的管理观唯有八个字“修己安人，会心欣赏”。这八个字有什么意蕴呢？我们又该如何在运营管理中践行“修己安人，会心欣赏”呢？

① 如何修己安人

“修己安人”出自《论语·宪问》，是古代先贤留给我们的处事智慧。它的意思是提高自身的修养，使人民安乐。对于运营管理者而言，就是要从自身做起，提高自身的运营能力，用心思考运营战略，在实施运营战略的过程中发挥表率作用。并且，运营管理者还要能做到谦虚自省，要始终保持学习的心态，时刻充实自己的运营知识，主动吸收先进的运营理念，要能随时协助团队发现问题、解决问题，要勇于承担责任，关心团队的成员。

② 如何会心欣赏

作为运营管理者，我们要发自内心地欣赏自己的下属，并使下属感觉到上司的关怀。例如，我们可以对下属说：“这篇文案的创意太棒了，如果能把行文再优化一下就更好了。”“你提出的点子非常好，一定能成为这次活动的点睛之笔。”“你的这篇文章标题取得真好，一下子就把我吸引住了。”等等。

这类话语并不是在敷衍性地夸奖下属，而是在向下属传达一个信息：你的工作成果我都看在眼里，你的优点我也一清二楚。

真心的欣赏和赞美能让团队成员有更大的动力去超越自己，取得更好的成绩，还能让大家工作的心情更加愉快，让大家工作的氛围更加轻松。“发自内心的欣赏和赞美”是最好的管理方法。

（4）格局观：格局大一点，有“双赢”思维

无论是企业内部还是外部，运营人员都要频繁地与其他的部门和人打交道，时间一长，必然会出现许多矛盾和纷争。

许多刚刚进入职场，涉世未深的运营新人还不够成熟理智，容易将那些和自己观点不同、立场不同的人直接当成对立的人，与对方针锋相对，分毫不让。甚至很多闯荡职场多年的资深运营人员也认为做事应该“强势”一点。

但是，在我看来，不懂变通的强势是一种不智慧、缺乏大局观的表现。无论是跨部门合作，还是同事间的合作都不是“一锤子买卖”，即使强势方一时取得了“胜利”，又能如何呢？以后还不是要继续共事？我们应该让目光长远一点、格局大一点。

一位优秀的运营人员，在与公司内部同事或外部用户沟通合作时，首先想到的一定是“双赢”。因为他们明白，只有维持和谐的关系，最终才能共同获益。这种双赢的思维，在制定具体的运营策略和确定产品的盈利模式时，都能产生意想不到的效果。

例如，UGC 类产品（如知乎）都有“私信”功能。可是，普通用户发给大 V 或明星的私信，却大都没有被回复。对于这种情况，大部分 UGC 平台都没有处理，但是用户的感受其实并不好，我们为什么不能用双赢的思维来解决呢?

用户发私信给大 V，有可能是咨询专业领域的问题，但大 V 却无暇回复。与此同时，有一部分小 V 渴望与粉丝交流，却无人咨询，那么，我们可以在用户与小 V 之间展开关联运营，促进他们之间的沟通与联系，实现“双赢”效果。

第 8 章

行业思考：3 到 5 年后，一个互联网人的未来该在哪里

作为互联网人，在 3 到 5 年后，你觉得做产品更有前途，还是做运营更有前途？要回答这个问题，就必须对行业、对人、对模式进行思考和研究。事实上，无论是产品还是运营，都是职能化名词，这里面涉及大量的落地实操，运营人员要往长远发展，就不要把两者对立起来，因为，未来的互联网行业需要既懂运营知识，又懂产品知识的人。

8.1 未来 5 年，什么样的运营人员最受互联网企业欢迎

在未来的 10 年里，运营工作在互联网行业中的价值和作用会越来越大。而且，这样的趋势已经慢慢显现出来了。例如，每周我都会收到很多朋友的求助，让我帮他们推荐优秀的运营人员。他们纷纷向我抱怨：现在靠谱的运营人员太难找了！

为什么会产生这样的现象呢？原因很简单，过去大家都靠产品体验和技术取胜，运营人员也只需要做到执行就可以了。而更早之前的互联网公

司，要么没有运营这个职业，要么运营人员的地位低，只需要干些“体力活”，比如发帖、删帖、审核、推广执行等。

然而时代发展到今天，各种新产品层出不穷，产品的玩法也发生了天翻地覆的变化，产品同质化的现象也越来越严重。此时，产品体验和技术已经不再那么重要，而运营的作用却凸显了出来。公司需要运营团队来与用户更好地互动，通过一系列运营策略让产品得到更好的成长和推广。

但是，整个互联网行业内的大部分运营人员都还没有为这一变化做好准备。业内 85%以上的运营人员，仍然停留在“单点执行”的阶段，还无法满足更高的要求。在这样的背景下，我预计未来 3 到 5 年内，偏执行的初级运营岗位将会出现饱和，而中高级运营岗位则会出现很大的人才缺口，中高级运营岗位的薪资也会得到大幅度的提升。

那么，未来 5 年内，互联网行业到底需要什么样的运营人员呢？我们应该怎样抓住机遇，发展成所有互联网公司都想聘用的运营人员呢？或者说，一位“抢手”的运营人员，应该具备哪些素质？

1．懂行业、懂业务

在 2019 年以前的互联网世界中，大量在线工具、在线社区、电商和内容资讯平台是绝对的主角。进入“互联网+”时代后，互联网开始与传统行业结合，成为传统行业为用户提供服务的重要渠道和平台。

“互联网+”时代到来以前，运营人员的工作主要涉及线上推广、内容维系、线上活动等几个简单的板块。但是，在互联网与传统行业结合后，我们会发现互联网在其中并不需要发挥颠覆性的作用，我们只需要在传统行业的业务逻辑基础上，利用互联网更好更快地提升整个行业的效率。

近几年常常听到“互联网金融”“互联网教育”这样的新词汇，但是，我与相关行业的朋友交流时却发现，它们的本质还是金融和教育。

以互联网教育为例，教研、教务管理、招生、学习素材组织与呈现、课后交流依然是互联网教育的核心，而互联网只是在其中一个或多个环节中提供服务，以提升整体的运行效率，如在线授课、在线推广招生等，传统的教育行业并没有被互联网所颠覆。

在未来 5 年内，互联网将会与教育这样的传统行业和领域结合得更紧密。在类似“互联网教育”“互联网金融”的领域内从事运营工作，运营人员如果不懂具体的行业和业务，可以说是寸步难行的。

试想，一个不了解教育行业、不懂传统教培机构运行机制和学校运营逻辑的人，怎么可能做好互联网教育呢？一个不懂搬家、装修、家政服务知识，不了解每个业务板块的利润空间，无法梳理家装行业背后产业链的人，怎么可能运营好“58 到家”这样的生活服务类产品呢？

只有懂行业、懂业务的运营人员，才能为产品项目制定出有效的运营策略，进而更好地凸显出产品的特点和优势，他们还能根据用户反馈或者其他关键数据对业务流程进行优化和调整。

2. 懂用户、懂需求、懂产品

这里所说的“懂产品”并不是指了解产品特性和优势，而是指运营人员能根据运营端的实际需要给产品端提供靠谱的需求，从运营的角度推动产品的优化。

在一款产品诞生的过程中，有些需求是来自产品端的，比如产品核心功能模块的设计，是为了实现产品的功能。还有一些需求是来自运营端的，是为了促进产品的优化，比如运营端需要的数据埋点、用户激励机制和积分机制，或者把内容制作标准化、模块化的 CMS 系统等，作用于产品之上，能使产品更加完善。想要把产品做好，这两类需求缺一不可。

但实际情况是，很多产品经理都没有做过运营工作，所以他们在产品设计和研发的过程中，很少会考虑到运营端的需求，即使考虑到了，也不清楚这些需求什么时候需要，或者需求要做到什么程度。因而，如果运营人员能懂产品，就可以与产品经理进行无障碍沟通，从运营端的角度来提出和优化产品需求，这对产品的发展和成长都是十分有利的。

因此，做一位优秀的运营人员，仅仅是会写软文会搞活动是远远不够的，还要懂用户、懂需求、懂产品，要懂得一款产品从构思到上线的全部流程，还要知道哪些需求实现起来比较困难，哪些需求实现起来比较容易。总之，作为一位优秀的运营人员，要能够从具体的场景出发，与产品研发人员一起探讨需求是否成立。

只有具备了这些素养，运营人员才能参与公司的核心决策，并能够在未来的职业发展之路上收获更多机遇。

3．善于与用户互动，让用户喜欢

近年来，随着社会化媒体的发展，互联网世界中的信息传播方式正在发生巨大的变化。

这种变化给运营人员带来的影响也很大，在 1999 年到 2010 年期间，互联网运营将其重心放在了渠道建设和流量分发上。当时，如果一个网站没有足够多的友情链接，找不到足够多的网站来交换流量，在该分类导航网站上或上游网站上不够突出，SEO 做得也不好，那么这个网站就很难存活下去，运营人员的发展也会受限。

2010 年以后，社交媒体兴起，决定产品生命周期长短的不再是渠道，而是用户。产品能否得到用户的认可和喜爱，以及用户是否愿意在社交媒体上分享，决定了产品是否能活下去。“用户自发传播”逐渐取代了“渠道”的作用，已经成了产品发展的生命源泉。这就要求运营人员的运营思维也要发生转变。

社会化媒体环境下的信息传播与分发模式和传统信息传播与分发模式有很大不同，如图 8-1 所示。

在未来的 5 年内，在互联网行业中，人的作用将会逐渐凸显，用户的力量还会被持续放大，而“渠道”的力量还会被继续弱化。近几年“直播”

和“网红”的兴起就能佐证这一点。而且，我认为这种趋势还会持久地延续下去。

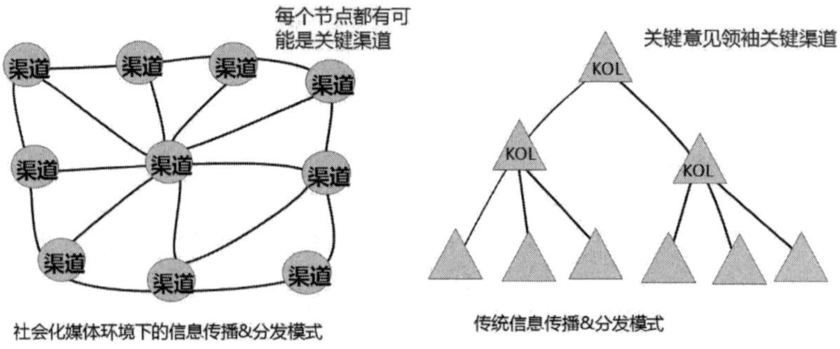

图 8-1 两种信息传播&分发模式对比

所以，善于与用户互动，能获得用户认可的运营才是有价值的运营，我们可以通过创作优秀的文章赢得用户的青睐，还可以通过策划有趣新颖的活动与用户互动，也可以利用社会化媒体扩大自己在用户中的影响力。

4. 视角更宏观，能对产品的成长负责

还没有独立负责过一款产品的运营项目的运营人员，在眼光和思想上都会有一定的局限，有可能还停留在努力达成 KPI 的层面上。这样的运营人员一定要加快自己成长的步伐，才能在未来的 5 年内有更好的发展。

一位可以对产品成长负责任的运营人员，应该至少经历过一款产品运营的以下几个环节。

（1）制定运营策略

制定运营策略环节的主要工作内容包括评估产品所处的阶段、评估产品的形态、评估当前的数据，在一系列的评估之后，制定出合适的运营策略。

（2）拆分目标、规划工作

在这个环节，我们要根据具体的运营策略、运营目标来规划后期的运营工

作。本环节的工作内容包括目标拆分、资源争取和分配、工作任务规划等。

（3）执行落地、达成目标

执行落地环节的工作涉及运营的方方面面，包括文案、活动、传播、推广、建立产品机制和销售等。

（4）获得反馈、调整方向

最后一个环节的主要任务是接收用户反馈，并根据用户反馈对产品进行优化和调整。本环节的工作内容包括数据分析、收集用户反馈、提炼潜在用户需求、为产品调整提供方向等。

哪怕负责的产品只是一个微信群或豆瓣小组，运营人员只有亲自参与过上面的每一个环节，才能真正感受一个产品的成长过程，才能以宏观的视角来从事运营和产品工作。每一位想成为优秀运营人员的人，都应该想办法为自己争取一些“对产品的成长负责”“获得宏观视角”的实践机会，让自己成长得更快。运营人员可以自己经营一个微信公众号，或者主动帮助一些社群去做义务管理和维护工作，也可以在工作中寻找独立负责项目的机会，或者利用业余时间参与到别人的项目中去。

以上四点是我对运营人员发展的一些展望，希望它们能带给大家一些启示。事实上，要做到这四点并不容易，要成长为未来 5 年内最有价值的运营人员也绝非易事。但是，这条道路虽然困难，却是促成人的快速成长的有效途径。

未来的 5 到 10 年是属于我们互联网运营人的，我希望所有的运营人员都能不负机遇、不负自己。

8.2 推荐算法与时俱进，未来运营的技能和运营重点在哪里

推荐算法，这个词对有的人来说也许还很陌生，但是，它在我们还浑然不觉的时候，已经悄悄走进了我们的生活。

例如，今天我们在京东浏览了和手机有关的信息以后，明天我们的手机浏览器和其他 App 的推送信息便可能会变成和手机有关的内容；今天我们搜索了某个城市的信息，明天手机中的 App 就可能会给我们推送这个城市的旅游攻略；我们浏览了一条娱乐新闻，App 甚至可以很快地再次推荐类似的新闻。

这就是科学技术进步条件下推荐算法的神奇之处，它通过大数据分析获取了我们在互联网上的行为和喜好，再精准地向我们推荐我们可能感兴趣的内容。基于这种变化，我们运营人员的工作重点也在发生着变化，能力要求也有所改变。

1. 推荐算法的工作原理

推荐算法被不同类型的互联网公司广泛运用，这也从侧面说明了推荐算法对公司实际业务起到的推动作用。我们网购时看到的“猜你喜欢”，听音乐时看到的“推荐歌曲”，使用微博时看到的“推荐关注”等，都是推荐算法起作用的结果，如图 8-2 所示。

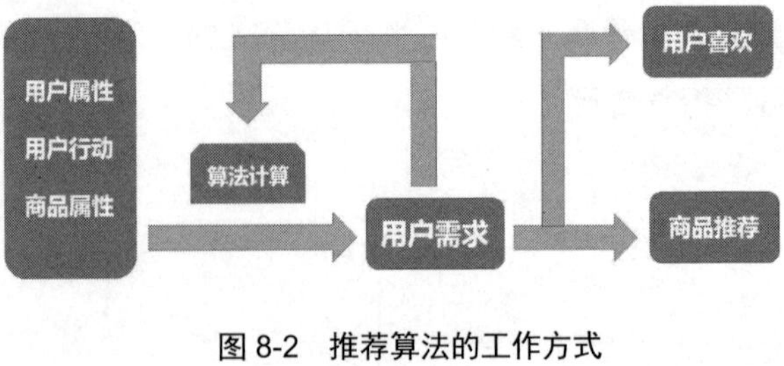

图 8-2 推荐算法的工作方式

也就是说，当我们在互联网上进行搜索和浏览时，相关的信息便会被

算法系统记录下来，在我们第二次浏览同样的网站，或使用同样的 App 时，很多我们感兴趣或有关联的内容便会被推荐到我们眼前。

2．推荐算法的三大类型

（1）分类算法

做电商平台运营，用户留存是很重要的运营指标，但用户的流失却是无法人为控制的，我们只能通过预测用户行为来采取相应的措施。预测用户行为需要用到分类算法，这是一种预测性模型，它会根据用户过去的数据分析和预测未来一段时间内用户的行为。

分类算法使用的数据集叫作训练集，训练集中的每个个体都有明确的不同特征。分类算法就是根据训练集中的每个个体的特征，为每一类数据找到准确描述的算法模型。分类算法的优点是易于理解，而且它对用户行为的预测比较准确。

例如，我们要运营一个高尔夫球场，而影响高尔夫球场营业的最重要因素就是天气（风力、湿度、气温等）。那么，我们在运营过程中就要重点考虑天气状况。通过分类算法，我们可以得知不同的天气状况对高尔夫球运动会产生何种不同的影响。知晓了这一点，我们就能根据天气状况决定当天是否适合打高尔夫球，或者是否应该开放球场。

（2）关联算法

关联算法是指从大量数据中发现样本之间有趣的关联，并根据用户的特征进行精准推送。电商平台中常见的“为你推荐”“购买该产品的用户还购买了”等推荐栏目都是通过关联算法实现的。关联算法可以通过分析用户的购物车信息以及用户的购物习惯等，帮助店铺运营人员制定运营策略。

（3）聚类算法

聚类算法主要是指按照样本、数据自身的属性对它们进行归类，用数学方法根据相似性或差异性指标，确定样本的亲疏关系。

例如，某电商公司想采购一批高端化妆品，至于具体的品牌和款式，则要根据消费者特征来决定。首先，这家公司从上一年的数据中，对用户的购买行为、偏好、消费额、购买时间等数据进行了聚类分析，找出了每个用户群体的特征。然后，该公司根据目标用户的特征决定了这批高端化妆品的品牌和款式。最后，该公司向目标用户进行了精准推送。

3. 推荐算法在互联网运营中的运用

商品推荐是电商网站中常见的促销手段，可以大大提高平台上商品销售的转化率和商品的销量。电商网站通过用户的浏览、收藏、购买记录，精准挖掘用户需求，对用户进行聚类、为用户打标签，并给用户推荐他们感兴趣的商品，帮用户快速找到更多同类产品。电商网站还可以适当放大需求，向用户售卖更多商品。

商品推荐主要可以分为常规推荐和个性化推荐两大类。

（1）常规推荐

常规推荐是指商家选择一些固定的产品，将其放在推荐位，或者根据商品之间的关联性，推荐相关的产品。常规推荐商品通常都是固定的，而且是面向所有用户的，不会因为用户不同而有任何差异。常规推荐商品主要包括活动或精选商品。虽然常规推荐是相对固定的，但是它可以对整个页面的商品流通、关联等起到很大的作用。常规推荐还可以为产品带来大规模的二次曝光，进而提高产品转化率。

（2）个性化推荐

个性化推荐是指根据用户购物习惯和商品特性来进行推荐。比如“购买过此商品的其他用户还喜欢”推荐项。京东 App 首页中有“精选—为你推荐”选项，下面便会出现很多用户感兴趣的商品和内容。推荐算法的处理速度十分惊人，那么它是怎样进行工作的呢？

首先，电商推荐系统对收集到的用户信息、产品信息及用户画像分类进行数据分析。然后再利用适当的推荐算法，根据用户设定的信息发送方式，给用户提供个性化的商品推荐。最后，用户对推荐内容的反馈（浏览、购买等行为），又可以为推荐算法的优化提供参考。

一个完善的推荐系统一般分为四个部分，分别是行为记录模块、分析模型模块、商品分析模块、推荐算法模块，如图 8-3 所示。

行为记录模块的作用是收集用户的信息，分析模型模块的作用是分析用户的喜好，商品分析模块的作用是分析商品的特征，推荐算法模块的作用是为用户推荐商品。这四个模块是按照“收集→分析→推荐”的步骤来设置的。

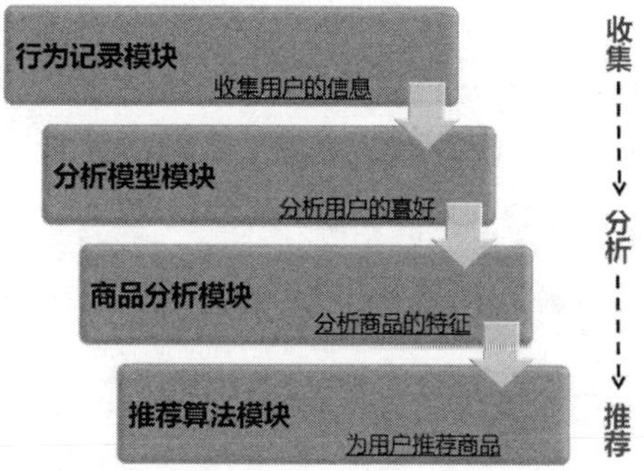

图 8-3　商品推荐系统的四大模块

我们以京东的内容运营为例，来解析个性化推荐系统的运作过程，如图 8-4 所示。京东的内容审核系统以机器审核为主，人工审核为辅。那些涉及敏感信息、内容低俗、低质的文章完全可以被机器检测到，而且会被机器算法拦截。在这种审核机制下，只有标题规范、无不良信息、内容优质的原创文章才能通过审核。

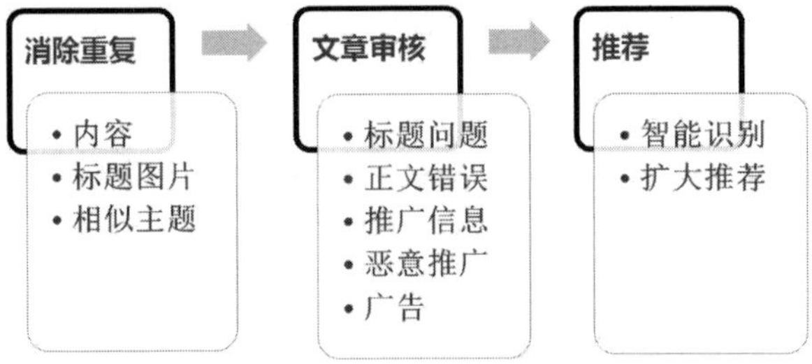

图 8-4　京东内容运营的推荐系统

在推荐环节，系统抓取内容后会根据发文者之前所发的文章等相关数据，尝试推荐给一批试用用户。如果这些用户对文章不感兴趣，不点开文章，或者阅读后对内容不满意，点了“不喜欢”，那么系统就会减少推荐数量，如果之前推荐给 200 个人，现在可能就只会推荐给 80 个人。

如果用户觉得这篇文章很好，并发生了“点赞”、收藏和转发的行为，系统就会加大推荐的力度，让这篇文章被更多的人看到。

和商品推荐一样，内容也要做个性化推荐，推荐算法通过用户对内容的反馈，判断用户对内容的喜爱程度，然后再决定是否扩大推荐。

4. 大数据时代赋予运营人员新的使命

在大数据时代，运营效率也因为机器算法而获得了提高，我们在制定运营策略时要灵活运用各类算法，提高效率，这也是业界的普遍共识。所以，我们运营人员的工作重点发生了变化，我们的工作能力也应当提升到一个新高度，如图 8-5 所示。

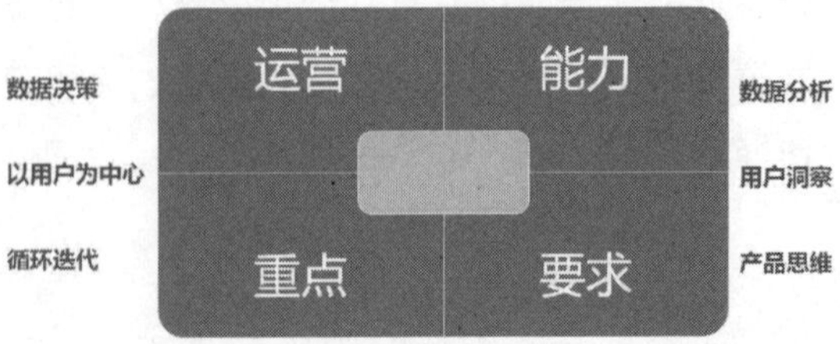

图 8-5　大数据时代运营人员新的使命

（1）把数据决策作为工作重点

我们的工作要以数据决策为重。我们都知道没有数据，就没有运营，想要获得更多新用户，就要借助数据分析的力量找到目标用户，分析他们平时都喜欢什么，他们的行为偏好、行为路径分别是什么，以及我们要怎样做才能抓住这些目标用户。

流量红利的时代已经过去，野蛮投放的运营方式也已经不合时宜，而且获客成本也已经达到了最高峰。只有挖掘用户需求，了解用户的喜好，才能做好运营工作。我们运营人员要把自己当成用户的保姆，把食物端到用户身边，把水递到用户手上，为用户嘘寒问暖，只有这样用户才会选择和信任我们。

数据与用户的关系就是一个闭环，数据来源于用户，也使用在用户身上，没有用户就没有数据。所以我们运营人员要利用好数据，不断为用户提供优质的产品和服务。

（2）数据分析能力是新要求

俗话说“近水楼台先得月”，用户与我们运营人员的距离是最近的，所以我们要充分利用这个优势，积极地洞察和分析用户。若想成为一位优秀的运营人员，就必须具备一定的数据分析能力，不要总是依赖数据分析师。

运营人员要学会透过表象挖掘真正的需求，用户表面上想要去看电影或者购物，但这也许并不是用户的真实想法。我们要多收集一些数据，深入地分析，才能挖掘出用户最深层次的需求。同时，运营人员还要具备产品思维，既要懂运营，又要懂产品，只有这样才能提高工作效率，让产品得到更好的优化。

精细化运营、智能化运营是未来的大趋势，也是我们运营人员要肩负的新使命。

8.3 我的运营成长历程及我在京东是怎么做运营的

在前几节中，我讲解了很多有关运营人员职业发展相关的内容，在本节中，我将分享自己的运营职业生涯，和大家共享一些自己对于运营的感悟。希望我的运营经历能给大家带来一些不一样的启发。

1. 我的运营之路

首先，我给大家讲一讲自己这些年的成长历程。

（1）前期摸索阶段：虽辛苦，但充实

在刚进亚马逊做运营工作的时候，我只是一个小小的实习生，当时所在的团队也只有不到 20 人，在团队中，除了产品设计和技术性工作，其余的什么工作需要我，我就要去做。所以，在那段时间，我接触了内容编辑、内容精选、客服、KOL 维护、举报、BCG 追踪、提建议、EDM 营销、新媒体等多个方面的工作内容。

早期创业团队的资源有限，只能靠投入时间和精力去获得自己想要的成果。运营工作也是如此，投入的时间和精力越多，收获的也就越多。所以，在那段时间里我每天从早到晚都扑在工作上，只要觉得哪里做得不够好，就花很多时间去钻研。在最忙碌的时候，我每天早上 7 点到办公室，晚上 10 点才离开，有时候干脆睡在办公室，假期也不回家。

在这期间，我的工作方向很明确，那就是建立产品的核心价值观，并将其传达给核心用户。我把这个目标细分成了以下几个不同的小目标。

- 提升网站内容的数量和质量。
- 提升核心用户的数量和活跃度。
- 确保网站能够安全存活。

这些目标中包含着大量重复的、辛苦的、繁杂的日常工作，以及一些令人激动的数据增长。为了达到这些目标，我每天都要大量、频繁地接触用户以及整理用户产生的内容和反馈。因此，我对产品和用户的情况了如指掌，对产品给用户带来的体验，以及用户对产品的不满之处都一清二楚。

在前期摸索阶段，我曾有过一段迷茫。那时，我从事运营工作的时间还不够长，每天接触的东西又多又杂，运营在我脑海中的印象就是碎片化的，我对自身的定位也很模糊。当时的我并不了解运营的真正意义，也不知道运营应该做到什么程度，不成熟的工作态度和工作方式也常常让我陷入困境。

当时，团队负责的产品刚刚上线，面临着各种质疑的声音，但是好在公司的大方向一直是清晰而正确的，团队的价值观也正是我所追求的，所以我从来没有对这份工作产生过动摇和怀疑。现在回首往事，当时摸索的过程虽然辛苦，但是内心却是充实的。

（2）成长阶段：能力提升，拥有话语权

随着产品的用户规模越来越大，运营部门的工作量也翻倍了，为此公司也配置了更多的运营人员。有了足够的人力资源以后，运营的职责被划分为新媒体、内容运营、用户运营三个方向，分别由不同的人员负责。

运营工作就像是潜水，不同的深度和不同的潜点都有不同的风景，只有去过不同的潜点，挑战过不同的深度，才可以知道整片海域的特性。同样地，只有去过不同的海洋，才能了解截然不同的海洋环境和更多海域的特性。

随着用户的涌入和增多，许多更大更复杂的问题开始涌现，这些问题的反复出现迫使我开始寻找一些更具通用性的解决方案。通过一次又一次地解决不同深度和广度的问题，我最终明确了在不同条件下应该如何达到运营目标，需要运用哪些资源和手段。而且，我会把一些典型问题、重点问题的解决方法整理成文档，分享到公司的文档平台上。

慢慢地，我发现当团队运营出现状况或问题时，上司和同事们都会倾听我的意见，也十分尊重我的判断，这使我在工作中变得更有底气。同时，我在运营工作上也有了更大的自主权，我可以根据目标和需要来自主安排自己的工作。

此时，我意识到，自己再也不是一个无足轻重的人了，而是慢慢拥有了话语权。我之所以有了一定的话语权，完全是因为业务能力的提升。我提升业务能力的办法就是面对问题、解决问题。面对各种问题和突发状况，我从来没有想过退缩，而是尽力去解决它们。

遇到问题时，我首先想到的就是找出原因，然后再想办法解决，最后再总结经验，避免同样的问题再次出现。我认为，所谓的方法和经验，就是在这样的“实战”中训练出来的本能反应的结晶化成果。

在获得一些经验，总结出一些方法之后，我产生了把这些经验和方法都分享给同事的想法。总结经验是一个从具体到抽象的过程，也是一个提炼精华的过程，在这个过程中每个人都会得到成长；工作经验的分享则能让团队成长得更快，能使团队将经验和技能的作用发挥到最大。

（3）成熟阶段：管理团队，承担责任

在精通了自己所负责的运营工作后，我发现自己能做的事情越来越多了，继续把时间花在基础工作上，对公司和我个人来说都是一种浪费。所以，我向公司的人力资源部门提出了职位申请，成了团队的领导者。开始带领团队以后，我发现自己影响着一群人，我的一言一行影响着他们对公司、对运营的看法，我感到自己肩上的担子很重。同时，我也暗下决心：运营工作的质量不能有降低，只能更高。

除了认真从事前文所提到的工作以外，我还会对工作进行查漏补缺，找出那些公司新人和老员工之间的鸿沟，找出工作细节上的漏洞，找出团队内新人需要学习和提高的地方，继而带领团队共同解决问题。我的工作内容也增加了一些团队管理的部分，比如招聘、培训、面谈等。

在带团队的过程中，我要考虑如何规划团队成员工作，如何让工作流程标准化，如何设定运营指标，如何放权和监督，如何激励团队成员，如何加强团队的配合，如何做绩效评估等问题。

有时候，我要站得高一些，以探析团队整体的优势和短板；有时候，我要拿起放大镜，找到工作环节中的问题，帮助团队成员梳理工作流程。以前的我更像是一个单枪匹马的“独行侠”，主要是一个人解决突发状况和问题，现在的我要带领团队克服各种困难，解决各种问题，同时还要保证团队的工作效率。

我很感谢当时的上司，在我不知道该怎么做时，她总能给出宝贵的指导意见和解决方法。更重要的是，我从她身上学会了如何成为一名管理者：我不用跟每个下属成为朋友，我只需要教他们学会工作，提高他们的业务能力。这才是对他们负责任的态度，也是作为一名管理者应该做的事。

在这个阶段，我更多的时候是让自己站在管理者的角度去看待运营工作。只有统揽整个团队的工作和产出，才能看到团队提升的空间，才能将自己团队的工作与公司的大方向完美融合在一起，让公司和团队都得到整体提升。

2．我在京东做运营

接下来讲一讲我在京东从事运营工作的收获和感悟。

（1）运营管理的三个基本要点

我已经在京东做了好几年运营，在每天的运营管理工作中，我都会考虑和解决三个基本要点，它们分别是 B 端运营、C 端用户和 B2C 连接。

① B 端运营

关于 B 端运营，我每天都会问自己这样几个问题：我能为用户创造什么价值？我能满足用户的哪些需求？怎样才能产出符合用户需求的内容？怎样让用户有更清晰的需求认知？

在工作中，我们需要不断地推动产品更新迭代，不断地产出更有利于社会化传播的优质内容，不断地进行页面设计上的创新。

例如，我们在某款影像类三脚架上市前，便对商品详情页进行了仔细的规划和设计。我不断修改商品详情页的设计稿，其中文案修改了 15 次，图片拍摄更是耗时 5 小时。为了对商品详情页中的 GIF 图片数量进行优化，我专门请做研发的同事做了数据评比，只为了保证图片数量不影响用户打开页面的速度。

我提供给设计部门的资料，也是在对比了近 20 个销量领先的重点产品页面后才最终确定的。这款产品上线后的反响非常好，做到了前 150 个评价 100%好评，它的页面转化率在“dostyle 系列”的所有影像类产品中是最高的，因此它只用了 20 天就冲到了全品类第 4 的位置。

② C 端用户

我常常问自己：“你真的了解用户吗？”用户数据越精准，用户需求也就越清晰，运营人员通过掌握用户的需求，便可以推动产品的迭代和创新。掌握了用户，就等于掌握了流量，也意味着掌握了商业模式。

我每天早上都要做一个例行工作，那就是了解当天的订单。对于网络产品这样的价格敏感型商品，我每隔 3 天都会做一次不同的促销，在不同的平台、不同的时段，不断测试用户的价格敏感性和投入产出比。通过这样的精细化运营，我得以越来越了解用户。

③ B2C 连接

B2C 连接就是企业和用户的沟通和连接，从 B 端到 C 端的需求满足是价值的传播和流动。那么，要怎样才能接触到目标用户呢？要通过哪些渠道和用户联系？价值要怎样传递给用户？

作为运营人员，我们必须强化与各个业务部门之间的合作和沟通，以获取更多、更广泛的有效渠道，让我们的产品价值和服务价值能够传播得更广泛，并且精准传播到目标用户的眼前。这是一个“酒香也怕巷子深”的时代，只有让用户看到我们的产品，才有可能实现产品的转化，所以，我们必须要有渠道去传播价值，B2C 连接便是一个行之有效的渠道。

某年上半年，我们运营部门经过一系列的努力，和兄弟部门合作，通过满赠促销活动使网络产品的销售业绩翻了一番。商品详情页的页面浏览量也实现了大幅增长，PC 端和移动端的营收加起来从日均 2000 元增加到日均 10000～20000 元。

在移动互联网时代，时间和内容的碎片化一定程度上降低了用户的社群效应，所以我们要不断进行渠道的创新建设，让我们的信息能够在有效的时间内完成价值的传达。

运营管理的三个基本要点，对运营人员来说是缺一不可的。

（2）连接——互联网零售的基础

“互联网+零售”具有得天独厚的优势，和传统零售有截然不同的特点和属性。电商运营的链条迅速延伸，极大地提升了商品流动的效率，也带来了“连接”这一前所未有的用户价值体验。

作为运营人员，我们需要不断地去满足 C 端用户的需求，为他们提供服务，不断地去实现产品和用户之间的连接以及服务和需求之间的连接。

无论是传统的线下运营，还是互联网运营，都要以数据为基础。只有通过对互联网大数据的挖掘和分析，我们才能了解用户需求，为用户提供他们想要的产品和服务，甚至还能预估用户的需求周期。例如，系统预估到用户购买的物品即将用完时，便会自动发起商品提前补货，提前入仓，并贴心地建议用户购买。运营，使用户与产品之间建立起无处不在的联系。

在京东著名的倒三角模型中（如图 8-6 所示），用户永远都处在顶端，而“业务型”运营模式则直接带动了产品质量、用户体验、成本和效率的大幅度优化。因为，“业务型”运营模式让每一个“品类运营管理”更加细致、更加精细。例如，京东的创新物流可以通过智能追踪、大数据计算，估算到每个仓库的位置，从而有效减少商品搬运次数，为供应链节约大量成本。

在做品类运营的时候，我们也经常利用这个优势，重点突出和强调京东物流的价值，尤其是在春节等节假日期间，京东的物流服务提升了用户的期待，降低了用户对“物流慢”的担忧，提升了公司的投入产出比。这些点滴的工作都是我日常运营工作中的一部分。

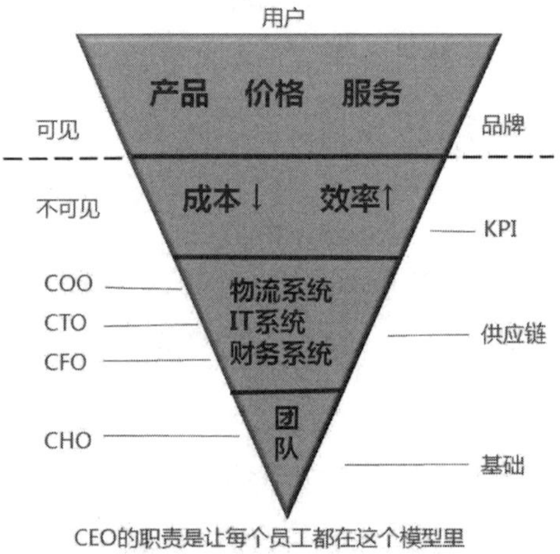

图 8-6 京东倒三角理论

（3）精细化运营——关注细节、精打细算

所谓精细化运营，就是关注执行中的每一个细节，对每一份资源都了然于心，在执行的过程中精打细算，在工作的过程中眼观六路、耳听八方，洞悉市场的每一点变化。要做好运营工作，应该先做好基本功，也就是随时随地掌握市场大环境的变化，把握自身运营工作的质量和效果，养成随时分析、随时管理、随时更新的职业习惯。

我每天一到公司，首先要做的一项工作就是统计和分析，统计订单信息、产品销量、产品排名、促销业绩等数据，数据分析是精细化运营的基础和根本。

我还采取了以下几种精细化运营策略。

① 高频带动低频：利用高频需求产品带动低频需求产品的销售，这个

方法在电商运营中十分常见。

② 低价引流：通过低价产品引导用户流量，再带动其他品类产品的销售。如果同类型产品中，存在高单值而且差异化明显的产品，那么低价引流策略就会收到很好的效果。

③ 产品交错排序：在商品页面中，最优的 SKU（库存单位量）展示，是高低价产品交错排序，可以按“高价—低价—高价”的顺序排列，也可以反过来按“低价—高价—低价”的顺序排列。

产品品类排列也要按照交叉错开的方式进行规划。在规划时，还应适当划分出 3 到 5 个模块区，在不同的区域设置不同的内容，避免用户产生视觉疲劳。

④ 设计和引导用户的视觉焦点：我们的视网膜中央凹是唯一负责高清成像的区域，而且面积很小，所以我们的视觉中心是有限的。用户在浏览页面时也只能一次产生一个视觉焦点。视觉焦点形成的视觉浏览路线也就是视觉动线是可以被设计的，而用户也需要这样的引导。

回顾过去的运营经历，我的心中充满了感恩，因为我从不同的人身上积累了很多关于运营的知识、技能和经验，也学到了很多关于产品、用户和管理的知识，最重要的是我学会了如何工作。无论我们未来的职业生涯将如何发展，我们都应该学会工作，学会创造价值，然后，再在这个基础上钻研运营技巧、锻炼运营能力，梳理和巩固运营经验。

很多人都说，运营岗位处在互联网公司内部“岗位鄙视链”的底端，它被认为是一个没有技术含量、不需要门槛、没有前途的岗位。我们在遇到这种质疑的声音时，一定要摆正自己的心态。

我们可以去各大招聘网站上了解运营总监、COO 的薪资和待遇，去向猎头咨询找到一个好的 COO 和运营总监到底有多困难，或者去请教资深运营人员，他们是如何看待自己的工作的，通过这些人，我们一定可以对运营岗位产生新的认知。

我们还需要明白，任何岗位都有自己的重要价值，工作也没有好坏之分，真正能分出高下的是从事工作的人，那些珍惜时间、积极创造价值的人，是值得我们钦佩的。各位运营同人们，请不要怀疑自己所做的工作，而是要努力地提升自己的价值,让自己成为互联网运营行业不可替代的“重要人物”。